미
사
에

초
대
합
니
다

Original title: *Living the Mass*
Copyright © 2005, 2011 Dominic Grassi and Joe Paprocki
published by arrangement with Loyola Press
3441, North Ashland Avenue, Chicago, Il 60657, U.S.A.
All Rights Reserved
Korean Translation Copyright © 2013, 2022 by Catholic Publishing House
through Inter-Ko Literary & IP Agency

미사에 초대합니다

2011년 8월 10일 교회 인가
2013년 10월 10일 초판 1쇄 펴냄
2022년 8월 1일 개정 초판 1쇄 펴냄
2024년 3월 25일 개정 초판 4쇄 펴냄

지은이 · 도미닉 그라시, 조 파프로키
옮긴이 · 송열섭
펴낸이 · 정순택
펴낸곳 · 가톨릭출판사
편집 겸 인쇄인 · 김대영
편집 · 박다솜, 강서윤, 김소정
디자인 · 정진아, 송현철, 강해인, 이경숙, 정호진
마케팅 · 안효진, 황희진

본사 · 서울특별시 중구 중림로 27
등록 · 1958. 1. 16. 제2-314호
전자우편 · edit@catholicbook.kr
전화 · 1544-1886(대표 번호)
지로번호 · 3000997

ISBN 978-89-321-1829-1 03230

값 17,000원

성경 · 전례문 · 교회 문헌 ⓒ 한국천주교중앙협의회, 2022.

이 책의 한국어 출판권은 (재)천주교서울대교구 가톨릭출판사에 있습니다.
저작권법에 의해 한국 내에서 보호를 받는 저작물이므로 무단 전재와 무단 복제를 금합니다.

가톨릭의 모든 도서와 성물을 '가톨릭출판사 인터넷쇼핑몰'에서 만나 보실 수 있습니다.
http://www.catholicbook.kr | (02)6365-1888(구입 문의)

Dominic Grassi · Joe Paprocki

미사에 초대합니다

도미닉 그라시 · 조 파프로키 지음　송열섭 옮김

가톨릭출판사

옮긴이의 글

미사로 신앙과 생활이 하나 되는 삶

《미사에 초대합니다》를 한국에 소개하게 되어 기쁩니다. 또한 이 책이 나오도록 해 주신 하느님께 감사를 드립니다. 처음 이 책을 읽었을 때는 그저 개인적으로 읽고 참고할 생각이었으나, 진솔하고 유익한 내용에 감동하여 신자 여러분에게 소개하고 싶은 마음에 번역과 출간을 하게 되었습니다. 부족한 번역이지만 한국 교회에 도움이 되길 바랍니다.

오늘날 종교인들은 흔히 '믿음 따로, 생활 따로'의 문제를 갖고 있다고 할 수 있습니다. 성당에 다니고 예배당을 찾으며 절에 다니는 사람은 많지만 이들이 사회에서 하는 말과 행동은 종교인이 아닌 사람과 별반 차이가 없습니다. 이 책은 신앙인의 정체성을 돌아보고 '신앙과 생활이 일치'되도록 촉구합니다. 즉 신앙생활의 중심이 되는 미사를 어떻게 일상에서 구체화할 것인가에 초점을 맞추었습니다. 그러다 보니, 이야기를 풀어 가는 순서도 일반 전례 서적과 전혀 다릅니다. 보통 전례 서적이 미사의 시작 부분부터 이야기를 시작한다면, 이 책은 미사 파견에 관한 이야기부터 시작합니다. 미사 후에 가정과 직장에서 신앙인으로 어떻게 살아갈 것인지를 말하기 위해서입니다. 그리고 일상생활의 체험을 토대로 이야기를 전개해 나갑니다. 저자 도미닉 그라시 신부님은 40여 년 넘게 사제 생활을 하면서 겪었던 미사의 중요성에 대해 남다른 체험과 특별한 이야기들을 소개합니다. 공동 저자인 조 파프로키는 평신도이자 한 가정의 가장으로서, 그리고 교회 기관 종사자로서 겪은 경험들을 소개합니다. 이들의 이야기는 모두 진솔하고 영적인 깊이가 있습니다.

  제가 평소 공경하는 피에트렐치나의 비오 성인은 "태양이 없어도 살 수 있지만, 미사 없이는 살 수 없습니다."라고 했습니다. 토마스 아퀴나스 성인은 예수님께서 행하신 기적 중에 가장 위대한 기적은 바로 성체성사라고 했습니다. 이 모든 표현이 신앙인에게 미사가 지니는 중요한 의미를 단적으로 드러낸다고 생각합니다. 요한 바오로 2세 성인 교황도 회칙 〈교회는 성체성사로 산다〉에서 교회가 보존하고 있는 가장 위대한 유산은 바로 성체성사라고 했습니다. 이 책은 이 위대한 유산인 미사와 신앙생활의 의미를 이해하는 데 도움을 줄 것입니다. 또한 신앙인의 정체성이 무엇인지, 신앙인이 왜 미사에 참례해야 하는지, 미사의 각 부분이 우리 삶에 어떤 의미를 지니는지, 그리고 미사에 참례한 신앙인이 가정과 직장과 사회에서 어떻게 신앙을 실천할 것인지에 대한 답을 줄 것입니다.

출판을 허락해 주신 도미닉 그라시 신부님과 조 파프로키, 출판을 승인해 주신 청주교구 장봉훈 주교님께 감사를 드립니다. 그리고 교정을 보아 주신 이광호 박사님과 기꺼이 출판을 맡아 주신 가톨릭출판사, 그리고 도움을 주신 모든 분들께 마음 깊이 감사를 드립니다.

2013년 6월 2일

지극히 거룩하신 그리스도의 성체 성혈 대축일에

송열섭 신부

차례

옮긴이의 글 • 미사로 신앙과 생활이 하나 되는 삶   5

머리말 • 내 삶 속으로 들어온 미사   10

01 • 복음을 전하러 세상 밖으로 — 마침 예식 Ⅰ   25

02 • 지금 여기, 그리스도의 이름으로 하나 되어 — 시작 예식   41

03 • 하느님의 자비로 새로워지는 우리 — 참회   55

04 • 말씀으로 함께하시는 하느님 — 성경 독서   71

05 • 신앙의 눈으로 삶을 바라보기 — 강론   85

06 • 저의 주님, 저의 하느님! — 신앙 고백   99

07 • 세상 모든 것을 위한 기도 — 보편 지향 기도   115

08 • 모든 이를 위해, 모든 것을 내어 주기 — 예물 준비　　**127**

09 • 나를 기억하여 이를 행하여라 — 감사 기도　　**145**

10 • 모든 것은 하느님 뜻 안에서 — 주님의 기도　　**169**

11 • 나에게서 시작되는 평화 — 평화 예식　　**191**

12 • 생명의 빵으로 오시는 주님 — 영성체 예식　　**203**

13 • 하느님 사랑을 품고 세상에 파견되다 — 마침 예식 Ⅱ　　**221**

14 • 미사를 일상 안으로 — 우리는 혼자가 아니다　　**257**

머리말

내 삶 속으로 들어온 미사

"당신은 가톨릭 신자로서 신앙을 실천하며 삽니까?"

이 질문이 주일 미사에 참례하느냐를 묻는다고 생각할지도 모른다. 그렇다면 이 질문을 다음과 같이 바꿔 보겠다.

"당신은 세례 때 한 약속을 실천합니까?"

이번 질문은 대답하기가 훨씬 더 어려울 것이다. 주일 아침에 미사를 드리러 성당에 가는 것은 신앙을 실천하는 방법 가운데 하나임에는 틀림없다. 그러나 날마다 우리가 세례 때 한 약속을 실천하는 것은 또 다른 문제다. 사실 주일 미사에 참례하고 주중에 어떻게 사는가 하는 측면에서 미사를 이해하지 않는다면, 주일 미사 참례 자체만으로는 의미가 크지 않을 수도 있다. 우리가 주일 미사 참례를 우선으로 생각하는 것은 세례를 받을 때 누구에게, 그리고 무엇인가를 서약했기 때문이다. 그러나 불행하게도 대부분의 사람들은 그 서약이 무엇을 말하는지, 그리고 이를 실천한다는 것이 무엇을 의미하는지에 대한 확신이 별로 없다. 그래서 가끔은 미사에 참례하는 것이 별 의미가 없으며, 일요일에 늦잠이나 푹 자는 것이 훨씬 낫다고 생각하기도 한다.

우리 앞에 놓인 현실은 이러하다. 1950년대에는 미국 가톨릭 신자의 75퍼센트가량이 주일 미사에 참례했다. 그러나 오늘날에는 35퍼센트만이 미사에 참례한다. 물론 이러한 현실을 사회 변화의 탓으로 돌릴 수도 있을 것이다. 그러나 비가톨릭 교회의 예배 참석률은 가톨릭 교회와 달리 극적인 감소를 보이지는 않았다. 이렇게 미사 참석률이 감소하기까지 50년 동안 무슨 일이 있었을까?

일부 가톨릭 신자들은 미사 참석이 감소한 것은 미사 전례의 변화 때문이라고 단정한다. 특히 제2차 바티칸 공의회의 결과로 라틴어 미사가 자국어 미사로 바뀐 점을 그 이유로 든다. 즉, 바뀐 미사 형식 자체가 아니라 이 형식에 대한 교육이 부족하기 때문에 미사 참석자가 감소했다고 주장한다. 그러나 실제 감소의 이유는 생각보다 훨씬 복잡하다. 전례의 변화보다 더 큰 변화는 1940~1950년대 이후의 미국 가톨릭 신앙에서 찾을 수 있다. 곧 진화론을 추종하는 이들의 극적인 증가(오늘날 소수의 가톨릭 신자들은 그들의 선조들이 50년 전에 했던 것처럼 가톨릭 '게토ghetto'를 이루어 살고 있다)와 교도권에 대한 존경심 하락, 그리고 한때 하느님을 심판자 모습으로 생각했던 가톨릭 사상으로부터 이탈하는 등의 변화가 일어났다. 그래서 제2차 바티칸 공의회 이전의 가톨릭 신자 대부분은 미사와 일상생활을 연결하려는 생각을 하지 못했다. 그들은 단지 성당에 가지 않는다면 벌을 받게 될까 봐 두려워했던 것이다.

제2차 바티칸 공의회는 미사 참례 의무를 유지하면서도 미사 참례의 내용을 더 강조했다. 그리고 신자들에게 미사에 빠지면 벌을 받는다는 부담감을 덜어 주었다. 많은 가톨릭 신자들은 미사와 일상생활이 무관하다는 것을 처음으로 알게 되었다. 미사에 빠져도 벼락을 맞지 않는다는 것을 알게 되자, 미사 참석자가 줄어들게 된 것이다. 그리고 점차 주일 아침에 쇼핑이나 아이들과의 체육 활동, 그리고 휴식이나 독서를 하며 보내게 되었다.

그렇다면 이 문제의 해결책은 무엇일까? 신자들에게 미사 불참에 대해 다시 두려움을 조장해야 할까? 제2차 바티칸 공의회 이전으로 돌아가야 할까? 그러나 이러한 해결책은 문제 자체를 간과하는 것이다. 과거 50년 넘게 가톨릭 교회에서 일어난 변화를 살펴볼 때, 여전히 문제가 남아 있다. 가톨릭 신자들은 자신들이 무엇을 믿으며, 어떻게 미사를 드리고, 일상에서 어떻게 신앙생활을 하는지 확고한 연결점을 찾지 못한다는 것이다. 더 직접적으로 표현하자면, 실제적인 문제는 미사에 대한 신자들의 이해 부족이 아니다. 바로 세례받은 가톨릭 신자로서 살아간다는 것이 무엇을 의미하는지 잘 모르는 것에 있다. 그러므로 성가의 질을 높이거나, 강론의 질을 높이고 제대 장식을 더 잘하는 것이 해결책이 아니다. 진정한 해결책은 신자들의 삶이 하느님과 연결되도록 돕는 데에 있다. 그리고 미사 불참에 초점을 맞추기보다 미사에 참례할 때 받는 은혜를 신자들이 알도록 해야 한다.

이 책은 미사의 구성 요소를 설명하는 그런 종류의 책이 아니다. 그런 책은 이미 수십 권에 이른다. 이 책은 삶의 방법에 관한 책이다. 주일 아침 한 시간의 미사를 통해 우리가 "그분 안에서 살고 움직이며 존재"(사도 17,28) 하도록 주중의 시간들을 어떻게 보낼 수 있는지, 또 어떻게 보내야 하는지를 이야기하는 것이다. 또한 의무에 관한 책이기도 하다. 그 의무란 주일날 성당에 가야 하는 의무가 아니라, 세례 때 약속한 가톨릭 신자의 생활 방식을 살아야 하는 의무를 말한다. 그리고 이 모든 것의 시작이 되는 입교 성사인 세례성사는 성체성사 거행을 통해 완성된다.

무슨 일을 하세요?

누군가를 처음 만나서 서로 알아 갈 때, 흔히들 "무슨 일을 하세요?" 하고 묻게 된다. 즉 "생계를 위해 무슨 일을 하시나요?"라고 묻는 셈이다. 우리는 직업으로 그 사람을 판단하는 경향이 있다. 대답하는 이가 "저는 교사입니다." 또는 "저는 변호사예요.", "저는 간호사입니다."라고 한다면 질문자는 그가 무엇을 하며 시간을 보내는지 알게 된다.

그렇다면 "저는 가톨릭 신자입니다."라고 말할 때, 이는 어떤 의미일까? 이 말 하나로 우리가 어떻게 시간을 보내는지를 알 수 있는 사람이 있을까? 가톨릭 신자로서 세례를 받았다는 것은 우리가 그리스도를 닮은 어떤 것들을 행하도록 부르심을 받았다는 것을 의미한다. 특히 유아 세례를 받은 이들은 의식적으로 "나는 신자로서 무엇을 해야 할까?"라고 자문해야 한다. 또한 우리는 미사에 참례하러 갈 때마다 "나를 기억하여 이를 행하여라." 하는 명령을 받는다. 미사 끝 부분에서 사제 혹은 부제는 "평화로이 가서 주님을 사랑하고 섬기십시오."*라고 권고한다. 이것은 우리가 이 권고에 따라 무엇인가를 행하도록 파견되었다는 것을 알려 주는 말이다. 그렇다면 무엇을 행하라는 말인가?

예수님께서는 최후의 만찬에서 다음과 같은 말씀으로 성체성사를 제정하셨다. "이는 너희를 위하여 내어 주는 내 몸이다. 너희는 나를 기억하여 이를 행하여라."(루카 22,19) 또한 식탁에서 일어나시어 제자들의 발을 씻어 주시며, "내가 너희에게 한 것처럼 너희도 하라고, 내가 본을 보여 준 것이다."(요한 13,15)라고 말씀하셨다. 예수님께서 "나를 기억하여 이를 행하여라." 하고 말씀하신 것은 단순히 빵을 나누라고 말씀하신 것만이 아니다. 이는 인간을 위해 당신 자신을 내어 주신 것처럼 우리도 남을 위해 자신을 내어 주라고 말씀하신 것이다. 그러므로 이 책은 미사란 우리가 참석해야 하는 것만이 아님을 말한다. 미사는 우리가 행해야 하고, 세상으로 파견되도록 나 자신을 준비시키는 것이고, 예수님께서 내게 요청하신 것을 행하는 것이다.

---

* 이 책에서는 "평화로이 가서 주님을 사랑하고 섬기십시오."라는 파견의 말이 여러 번 반복된다. 미국과 달리 한국 가톨릭 교회에서는 미사의 마침 예식에서 "미사가 끝났으니 가서 복음을 전합시다."라는 말로 신자들을 파견한다. "가서 복음을 전합시다."라는 말을 다르게 표현하면, "평화로이 가서 주님을 사랑하고 섬기십시오."라는 말과 같다. '주님을 사랑하고 섬기는 것'은 곧 '이웃을 사랑하고 이웃에게 봉사하며 복음을 전하는 일과 같다. ― 역자 주

성경을 보면, 예수님께서는 당신의 제자가 된다는 것은 실천을 해야 함을 의미한다고 반복하여 강조하셨다.

그러므로 남이 너희에게 해 주기를 바라는 그대로 너희도 남에게 해 주어라. 이것이 율법과 예언서의 정신이다.(마태 7,12)

나에게 "주님, 주님!" 한다고 모두 하늘나라에 들어가는 것이 아니다. 하늘에 계신 내 아버지의 뜻을 실행하는 이라야 들어간다.(마태 7,21)

내가 진실로 너희에게 말한다. 너희가 이 가장 작은 이들 가운데 한 사람에게 해 주지 않은 것이 바로 나에게 해 주지 않은 것이다.

(마태 25,45)

하느님의 뜻을 실행하는 사람이 바로 내 형제요 누이요 어머니다.

(마르 3,35)

너희는 원수를 사랑하여라. 너희를 미워하는 자들에게 잘해 주고,

(루카 6,27)

너희는 어찌하여 나를 "주님, 주님!" 하고 부르면서, 내가 말하는 것은 실행하지 않느냐?(루카 6,46)

내가 진실로 진실로 너희에게 말한다. 나를 믿는 사람은 내가 하는 일을 할 뿐만 아니라, 그보다 더 큰 일도 하게 될 것이다. 내가 아버지께 가기 때문이다.(요한 14,12)

내가 너희에게 명령하는 것을 실천하면 너희는 나의 친구가 된다.
(요한 15,14)

미사 중에 "나를 기억하여 이를 행하여라."라는 말을 들으면 세례 때 예수님의 제자로서 무엇인가를 행하기로 약속했다는 사실이 떠오른다. 그러나 세례 때의 약속이 정확히 무엇인지 모를 수도 있다. 그래서 미사를 통해 무엇을 하도록 파견되는지 알지 못하는 것이다.

우리는 세례로서 예수님께서 세우신 교회 구성원이 되기로 약속했으며, 생명의 길로 들어서는 여정을 시작하였다. 초대 교회는 교회의 구성원들을 "길the Way"(사도 9,2; 19,9.23; 22,4.22)에 속하는 사람이라 표현하기도 했다. 우리는 도제徒弟 기간을 거쳐 우리의 멘토인 부모와 형제자매, 대부모와 친척, 그리고 친구들에게 이 생명의 길에서 무엇을 해야 하는지를 배우게 된다. 도제란 기술이나 예술을 배우기 위해 경험이 많은 사람에게 맡겨진 수습생을 말한다. 그러므로 우리는 입교 성사 중 하나인 성체성사로서 그리스도인의 길을 실천하는 기술이나 방법을 배운다. 그리고 이를 실행하도록 파견됨으로써 도제 살이를 계속하게 된다.

이 생명의 길은 우리에게 무엇을 바라는가? 이에 대한 답은 세례 예식에서 사제나 부제가 기름을 바를 때 사용하는 기도문에 나와 있다.

† 우리 주 예수 그리스도의 아버지, 전능하신 하느님, …… 몸소 구원의 축성 성유를 바르시어 주님의 백성이 된 이들이 사제이시요 예언자이시며 임금이신 그리스도의 지체로 살다가 영원한 생명을 얻게 하소서.

그리스도의 제자인 우리는 예수님의 사제직과 예언자직, 그리고 왕직에 참여함으로써 하느님과 이웃을 사랑하고 섬기도록 부르심을 받았다. 이는 일상에서 다음의 것들을 행하도록 부르심을 받았다는 뜻이다.

◆ **사제로서:** 사람들에게 예수님을 알리고, 일상에서 하느님을 찬미하고 경배하며, 나 자신과 삶을 희생으로 봉헌하고, 사람들이 하느님께 다가갈 수 있게 돕는다. 또한 세상의 필요를 위해 전구하고, 도움이 필요한 이들을 도와줌으로써 그들에게 하느님 응답의 일부를 대신하는 것이다.

◆ **예언자로서:** 억압받는 이들을 대변하고, 하느님의 말씀을 명확하고 용감하게 전하며, 가르친다. 그리고 절망에 빠진 이들에게 희망을 가져다준다. 또한 그들이 진실하도록 가르치고, 두려움 없이 정의를 외치는 것이다.

◆ **왕으로서:** 연약한 이들을 섬기고 보호하며, 스스로 부양할 수 없는 사람들을 도와주고, 원수를 사랑하며, 다른 이를 위해 희생할 줄 안다. 또한 정의를 위해 일하고, 다른 이를 존중하며, 상처받은 사람을 위로하며 하느님의 뜻을 실현하는 것이다.

미사 끝에 사제나 부제가 "미사가 끝났으니 가서 복음을 전합시다."라고 말하면, 우리는 다른 이들에게 사제이자 예언자이자 왕이 될 사명을 지니고 파견된다. 이러한 우리의 소명과 권한을 이해할 때, 미사를 통해 파견될 준비를 어떻게 하고, 어떻게 힘을 얻을 수 있을지 더 잘 알게 된다.

주일은 휴식의 날이다. 그러나 '전례liturgy'라는 말은 원래 '백성들의 일'이라는 의미의 그리스어 '레이투르기아λειτουργια'에서 유래했다. '전례'란 일 또는 우리가 행하는 어떤 것을 말한다. 그리고 행함이란 성당에서 미사를 드리는 한 시간 동안에만 해당하지 않는다. 이는 성당을 떠나 일상생활로 돌아갔을 때 특히 중요하다. 우리는 일요일에 미사를 드리고 월요일 아침이 되면 기운이 충만해져 세상으로 나아갈 준비와 실천할 준비를 갖추게 된다. 하느님을 사랑하고 섬기기 위해 평화로이 파견된 임무를 실행할 준비가 된 것이다.

세례 때 우리는 성유로 도유되는데, 이는 그리스도의 사제직, 예언자직, 그리고 왕직에 참여하게 된다는 징표다. 이러한 세례 서약은 성체성사를 거행하면서 더욱 새로워지고 강화된다. 미사는 우리가 '사제이자 예언자요 왕으로서' 봉사하도록 파견되는 데 필요한 모든 것을 제공한다.

이 책에서 우리는 그리스도인이 무엇을 행하고 어떤 사람이 되도록 부르심을 받았는지 자세히 알아볼 것이다. 그리고 그리스도인으로 살려면 어떤 자질이 필요한지, 하느님을 사랑하고 섬기는 데 힘쓰라는 부르심에 응답할 수 있도록, 미사와 각 부분은 신자들에게 어떻게 활력을 불어넣고 가르치며 동기를 부여하는지 설명할 것이다.

01

복음을 전하러 세상 밖으로

마침 예식 I

몇 해 전에 해변가의 한 작은 마을에서 휴가를 보낸 적이 있다. 그곳 마을에 있는 성당 미사에 참석했었는데, 그 미사에서 그야말로 "아!" 하는 순간을 경험했다.

미사를 주례한 신부님은 나이가 지긋했다. 나는 그분이 화가 윈슬로 호머*의 그림 속 해변가의 우락부락한 바위를 닮았다고 생각했다. 그리고 신부님의 따뜻하고 호의적인 성품에 금세 편안함을 느꼈다. 특히 그 신부님이 주례하는 미사에 참례한 신자들 중 누구도 영성체 후 일찍 자리를 뜨지 않는 모습에 놀랐다.

---

* 윈슬로 호머(1836~1910년)는 19세기 미국 유명 작가 중 한 사람이다. 미국 보스턴 출생으로 독학으로 그림을 배웠으며, 일생 대부분을 보냈던 매사추세츠의 바다 풍경과 말년을 보낸 플로리다 바하마 카리브 해안의 풍경을 주로 그렸다. — 역자 주

신부님은 우리 모두를 바라보면서 "미사가 끝났으니, 평화로이 가서 주님을 사랑하고 섬기십시오."라고 말하면서 제대에서 내려왔다. 그리고 두 살쯤 된 천진난만한 아이 한 명을 들어 자신의 오른쪽 어깨 위에 앉혔다. 마치 아기 예수님을 어깨에 멘 크리스토포로 성인의 모습을 보는 듯했다. 하느님께 감사하며 다함께 응답할 때, 보통 미사의 마침 예식에서는 느낄 수 없었던 행복을 느꼈다.

그 장면에서 나는 분명한 메시지를 받았다. 이 현명한 노사제에게 배운 깨달음을 수도 공동체 형제들과 나눠야겠다고 느꼈다. 또한 타성에 젖은 낡은 방식에서 벗어나 그분처럼 미사를 봉헌해야겠다는 깨달음을 얻었다.

파견 성가가 울려 퍼지는 동안, 신부님은 아이와 함께 퇴장했고 나를 포함한 신자들은 기쁨에 넘쳤다. 그리고 이 모습을 흐뭇하게 바라보는 그 아이의 부모에게 아이를 돌려보낸 뒤, 자신과 인사를 하려고 기다리는 신자들에게 다가갔다.

이러한 장면을 소설처럼 아름답게 묘사하지 않기 위해 밝힐 것이 하나 있다. 사람들이 일찍 나가지 않았던 이유 중 하나는 안내인이 주차장 문을 잠가 놓았기 때문이다. 그는 미사에 참석한 모든 이가 성전을 나선 뒤에야 주차장 문을 열었다!

이 짧은 이야기에는 내가 의도한 두 가지가 모두 들어 있다. 하나는 미사에 관해 이야기하면서도 유머 감각을 잃고 싶지 않았다는 것이다. 마음이 가볍고 유쾌할 때 무언가에 고양되기 쉽기 때문이다. 또 하나는 이 책을 쓴 목적이기도 한데, 이 이야기를 통해 우리가 간과하기 쉬운 미사의 한 부분인 마침 예식에 대해 독자들의 관심을 모으고 싶었다.

미사는 신앙 공동체를 매주, 매달, 매년 불러 모으는 성찬례다. 그러므로 미사에 대해 이야기할 때는 언제나 전례의 마지막 부분을 염두에 두고 시작해야 한다. 미사의 모든 동작, 음악, 응답, 침묵, 그리고 우리가 행하고 말하고 기도하는 모든 순간들은 주님을 사랑하고 섬기기 위해 떠나라고 말한다.

우리는 미사 전례 동안 성경 말씀과 성체성사 안에 살아 계신 하느님의 현존으로 양육되고, 참회 예절에서 용서를 청하고 받는다. 그리고 강론에서는 영감을 받아 고양되고, 나의 필요와 희망을 하느님께 희생으로 봉헌하며, 함께 모인 공동체와 서로 평화를 나눈다. 그러기에 "가서 복음을 전합시다."라는 명령을 받는다.

이 명령을 좀 더 알기 쉽게 풀이해 본다면 "평화로이 가서 주님을 사랑하고 섬기십시오."라는 말이다. 그렇다면 이 강력한 명령은 무엇을 의미하며, 이 명령을 완수하기 위해 어떻게 해야 할까?

우리는 "가라."라고 들었다. 미사가 끝난 후 친교를 나누려고 성당에 더 머무를 수도 있지만, 떠나라는 명령을 받은 것이다. 성당에서 할 일은 끝났다. 우리는 성당에서 더 많은 시간을 보내기 위해 세례를 받은 것이 아니다. 오히려 교회 공동체의 한 사람으로서 책임지기로 했던 것들을 교회 밖 세상에서 계속 완수해 나가야 한다. 교회 공동체에서 평신도의 과제는 하느님의 현존을 세상에 드러내기 위해 변화된 자신의 모습으로 세상 사람들에게 가는 것이다.

여기서 세상이란 우리의 가정과 이웃, 단체와 직장을 포함한 모든 곳이다. "가라."라는 말은 안전하고 보장된 성소聖所를 떠나라는 의미다. 또한 하느님의 말씀을 내면화하여, 그분의 말씀을 듣지 못하거나 체험하지 못한 다른 이들에게 말과 행동으로 선포하기 위해 밖으로 나감을 의미한다.

우리는 계속해서 "가라."라고 재촉받는다. 이렇게 나아가는 것이 예수님께서 미사나 기도 중에 우리와 함께하지 못한 이들에게 다가가시는 유일한 길이다. 미사에 참례하지 않는 이들은 너무도 많다. 이들이 올 때까지 기다리지 말고, 우리가 먼저 다가가야 한다.

그러나 우리가 대중없이 그냥 파견되는 것은 아니다. 우리는 "평화로이 가라."라고 들었다. 우리가 받았고, 미사에 함께 참석한 동료 그리스도인들과 나누었던 그 평화를 지니고 가라고 말이다. 이 평화는 우리 주 예수 그리스도의 평화다. "평화로이 가라."라는 말은 무엇을 의미할까? 당신이 누군가와 싸우고 있을 때는 분명 평화로운 상태는 아니다. 또한 화가 나거나 의심을 받거나 비판받는다는 생각이 들 때는 세상에 지니고 나갈 평화를 발견할 수 없다.

미사는 우리에게 스스로 평화를 지닌 존재가 되어 출발하라고 한다. 우리는 잘못을 저지르고 죄악을 지닌 존재이다. 그럼에도 살아 계신 하느님 앞에 모든 것을 내어 놓을 수 있도록 초대받는다. 하느님께서는 평화를 내려 주기를 좋아하시는 자비로운 분이시다. 그러므로 미사는 우리가 평화를 누리고 죄와 죄책감을 내려놓을 수 있도록 초대한다.

물론 평화롭다는 것이 아무런 근심 없이 성당을 나선다는 의미는 아니다. 다만 미사가 끝난 후에 혹시 의혹이 남아 있더라도 평화를 받아들일 수 있는 상태가 된다. 의혹 없는 참된 믿음은 없다. '평화'란 아무런 문제가 없거나 모든 문제에 확실한 답이 있는 상태가 아니다. 오히려 거짓된 확실성은 오만함으로 이끈다. 이러한 오만함은 자신과 의견이 다른 이라면 누구든지 단죄하려 한다. 그러나 다른 이를 단죄하는 태도는 평화를 주는 것이 아니라 오히려 해를 끼친다.

"평화로이 가라."라는 말에는 나 스스로 평화롭게 머무는 것 이상의 의미가 담겨 있다. 미사는 우리에게 다른 이들과도 함께 "평화로이 가라."라고 파견한다. 우리는 평화로이 걸어감으로써 필연적으로 그 평화를 다른 이와 나누게 된다. 스스로 평화롭게 머물게 되면 다른 이와 쉽게 평화로이 지낼 수 있기 때문이다. 미사 중에 선포되는 하느님의 말씀은 나와 다른 이 사이를 갈라놓는 질투, 슬픔, 선입견을 모두 버리라고 말한다. 이러한 짐을 가지고 성당에 들어갈 수는 있다. 그러나 일단 들어갔으면 이런 것들을 주님께 맡겨 드리자. 이를 되찾아 가서는 안 된다. "평화로이 가라."라는 말은 나 자신이 눈에 띄게 변화되어 떠난다는 것을 의미한다. 우리는 이웃 간에 단절된 곳, 즉 상처 입고 혼란스러운 이들 간에 일치를 가져오도록 파견된다. 이러한 평화는 나의 말과 응답과 모든 행동으로 나타난다. 그리고 비록 보이지는 않지만 태도와 감정, 생각과 원의로도 표현된다.

딸 에이미가 다섯 살이었을 때 일이다. 주일날 미사를 마치고 나오면서 에이미가 내게 물었다. "아빠, 나는 언제 평화를 받을 수 있어요?" 아내와 나는 어리둥절해져서 에이미에게 그 말이 무슨 뜻인지 설명해 달라고 했다. 그러자 에이미는 "아빠가 신부님께 갔을 때, 신부님이 아빠에게 평화를 주셨잖아요. 나는 그걸 언제 받을 수 있어요?"라고 물었다. 에이미는 영성체를 보고 평화라고 생각한 것이다. 그 나이 때 애들은 곧잘 어른들이 하는 일을 자기도 하고 싶어 한다. 딸아이는 우리가 영성체하러 나가는 모습을 무엇인가를 받으려고 사제에게 간다고 본 것이다. 그 무엇은 바로 '평화'였다.

에이미는 미사 때 "주님의 평화가 항상 여러분과 함께", "평화의 인사를 나누십시오.", "평화를 주소서."라는 말을 들어 왔다. 그래서 성체를 모시러 나갈 때 성직자나 성체 분배자가 신자들에게 나누어 주는 것이 바로 '평화'라고 결론을 내린 것이다. 에이미가 옳긴 하다. 우리는 예수님의 몸과 피를 받아 모실 때, 예수님의 참된 현존에 마음을 열게 된다. 에이미는 아주 어린 나이에 "예수님 없이 평화는 없다. 예수님을 아는 것이 평화를 아는 것이다."라는 유명한 문구의 의미를 이해했던 것이다.

사실 "평화로이 가라."라는 말이 그 뜻을 이해한 다음 절로 고개를 끄덕일 만큼 감동적인 말은 아니다. 오히려 매우 도전적인 말이다. 우리는 이 말의 뜻을 곰곰이 생각하면서 미사를 통해 내가 어떻게 변화되어야 하는지를 깨닫기 시작한다. 그리스도인으로 세례를 받았기 때문에 특별하도록 부르심을 받았다는 사실을 알게 되는 것이다. 베드로 사도의 편지에서 볼 수 있듯이, 우리는 거룩한 사람이 되라고 부르심을 받았다. "평화로이 가라."라는 것은 그저 기분 좋은 상태로 떠나는 것 이상의 의미를 갖는다는 사실을 깨달아야 한다. 이는 또한 내 삶과 주변에서 평화를 이루리라는 지향으로 성전을 나선다는 것을 의미한다.

미사는 우리에게 "평화로이 가서 주님을 사랑하고 섬겨라."라고 선포한다. 우리는 그저 형제자매들에게만 친절을 베풀면 된다고 생각하는 단순한 휴머니스트가 아니다. 주님의 이름으로 평화를 만드는 것이다. 주님께서는 멀리 있거나 징벌하시는 분이 아니며, 범신론적 신도 아니다. 예수 그리스도께서는 사람이 되시어 우리 가운데 사셨다. 그리고 인간을 구원하시기 위해 돌아가셨고, 부활하시어 인간을 위해 하늘의 문을 여셨다.

우리는 사도신경을 외울 때 삼위일체이신 하느님께 자랑스럽게 신앙을 고백한다. 성부께서는 인간을 창조하셨고 성자께서는 우리 가운데 사시어 구원하셨으며, 성령께서는 내 안에 살아 계시며 체험하게 하신다. 바로 이 삼위일체 하느님이 내가 사랑하고 섬기며, 성당 문을 나설 때 모시고 가는 하느님이시다. 우리는 하느님의 이름으로 파견된다.

하느님께서는 본래 관계적인 분이시다. 그래서 하느님과의 관계에서 나 자신을 발견한다. 이것이 우리가 평화로이 가서 하느님을 사랑하고 섬기라고 요청받은 내용이다. 우리는 '사랑'이 그 단어 이상의 의미를 지니며, 행동으로 옮겨야 함을 안다. 미사는 불의, 폭력, 전쟁 등 서로 사랑하는 길을 가로막는 모든 것을 극복하도록 한다. 그리고 사랑을 실천하며 하느님을 사랑하도록 재촉한다. 또한 주위 사람들과의 관계를 돈독하게 하는 작은 일들을 날마다 하도록 이끈다. 그뿐만 아니라 인류 가족의 일원으로서 행동할 책임도 있다. 사랑은 우리가 지구적 차원에서 책임을 완수하도록 촉구한다.

우리는 이 세상에 예수님을 현존케 하는 사제직을 수행하기 위해 나아가야 한다. 또한 억눌린 이들을 대변하고 낙담한 이들에게 희망을 가져다주며 예언자직을 수행하기 위해 나아가야 한다. 그리고 연약한 이들을 섬기고 보호하며, 궁핍한 이들을 돌보기 위해 왕직을 수행해야 한다. 그리고 예수님께서 우리가 받아 모시는 빵과 포도주에 현존하실 뿐만 아니라 '가난한 사람들, 병자들, 그리고 감옥에 갇힌 사람들'(《가톨릭 교회 교리서》, 1373항) 안에 현존하심을 깨달아야 한다.

마지막으로, 우리는 주님을 사랑해야 할 뿐만 아니라 섬겨야 한다고 들어 왔다. 그러므로 개인적인 관심사에만 집중하고 자신의 방법대로 모든 일을 하길 바라면서 성당을 나설 수는 없다. 하느님의 길을 걷고, 하느님의 말씀을 전하며, 하느님의 뜻을 이루어야 한다. 그래서 영성체 전에 주님의 기도를 통해 "아버지의 뜻이 하늘에서와 같이 땅에서도 이루어지소서."라고 기도하는 것이다. 우리는 하느님의 강복을 받고 그분의 명령을 행하기 위해 파견되었다. 물론 쉽지는 않다. 하느님을 섬기는 것은 이웃을 섬기는 것을 의미한다. 그리고 이는 교회 안에서 어떤 일을 하는 것이 아니라, 직장이나 가정 같은 일상생활에서 하는 것이다.

 그러나 가끔 하느님의 뜻이 우리가 숭고하다고 생각되는 어떤 인간적 본성에 어긋나기도 한다. 그분의 뜻은 인간으로서는 이해하기 어려울 정도로 신비롭다. 이것이 바로 신앙이 머무는 장소다. 하느님을 섬기는 것은 믿음을 갖는다는 뜻이다. 그래서 하느님의 뜻에 응답하는 위대한 신앙은 때로는 다른 이의 기대를 저버리거나, 세상에서 고립되거나, 보통 사람과는 다른 이상한 사람처럼 보이기도 한다. 고통스러운 고독의 순간에도 내가 혼자가 아니라는 사실을 기억해야 한다. 미사 안에서 예수님과 형제자매들과 친교를 이루게 되면 신앙은 견고해진다. 또한 성체성사로서 마음과 영혼에 예수 그리스도를 모셨고, 그분께서는 우리와 함께 걸으신다. 그리스도의 평화를 함께 나눈 모든 이는 전투에 함께 참여해 같은 방법으로 투쟁하는 것과 같다. 미사는 내가 고립되지 않도록 도와줄 뿐만 아니라, 많은 이들이 신앙을 위해 나와 함께 싸움터에 있음을 깨닫도록 힘을 불어넣어 준다. "하느님께서 우리 편이신데 누가 우리를

대적하겠습니까?"(로마 8,31)

위에서 말했듯이, "평화로이 가서 주님을 사랑하고 섬기십시오."라고 파견될 때, 오직 "하느님 감사합니다."라는 찬양으로 응답해야 한다. 이러한 응답은 어린 자녀와 함께 미사에 참례해 과자 봉지와 그림책 따위를 챙기느라 정신이 없던 부모가, 드디어 미사가 끝나 느끼는 그런 안도의 감사와는 다르다.

"하느님 감사합니다."라는 말은 미사에 참례하는 신앙을 갖게 해 주신 데 대해 하느님께 감사드리는 뜻이다. 또한 나와 신앙을 함께 나눈 모든 이에게 감사한다는 의미다. 이는 성인·성녀부터 먼저 세상을 떠난 사랑하는 사람에 이르기까지, 우리가 미사 중에 기억하는 모든 사람에게 바치는 감사다. 신앙인들은 지난 2천여 년 동안 미사를 봉헌하려고 한자리에 모였다. 가장 중요한 것은 "하느님 감사합니다."라고 말할 때, 감사를 드리는 대상이 그리스도의 사랑을 세상에 드러내도록 나를 믿고 부르신 하느님의 신뢰라는 것이다. 우리는 스스로를 그리스도인이라 부른다. 그리스도께서는 하느님의 백성인 내 안에서, 나를 통해 살아 계시고 일하신다. 그러기에 평화로이 가서 주님을 사랑하고 섬기도록 준비시켜 주시는 주님의 만찬에 초대받은 그리스도인은 행복하다. 미사가 끝나고 하느님의 사랑과 평화를 이웃에게 나눌 수 있는 새 힘을 얻고 성당을 떠날 수 있음을 마음 깊이 즐거워하자. 그리고 하느님께 감사를 드리자. 마치 몇 달간의 혹독한 훈련을 마치고 이제 경기장의 출발선에 서서 출발 신호를 기다리는 선수처럼 말이다. 모든 것이 바로 그 순간을 위해 필요했다.

자, 이제 우리는 그 순간을 위해 최선을 다할 것이다. 내가 할 수 있다는 사실을 알게 되었기에, 가는 길에 무슨 일이 생기더라도 이에 대처할 준비가 되어 있을 것이다. 하느님께서는 수많은 우상들을 섬겨 온 인간을 구원하셨다. 그리하여 인간은 자유인이 되었고, 창조된 목적에 따라 행동할 수 있게 되었다. 그 목적은 바로 주님이신 하느님을 사랑하고 섬기는 것이다.

자, 미사 마침 예식의 의미를 알고, 염두에 두게 됐는가? 그렇다면 이제 미사 시작 부분으로 가서 이야기를 하겠다. 신앙 공동체가 모인 성당 안으로 들어가자. 그리고 우리의 성찬례인 미사를 거행하자. 그 성당은 도시 중심에 있는 주교좌성당일 수도 있고, 어떤 선교지의 초라한 오두막집일 수도 있으며, 우리 지역의 본당일 수도 있다.

✝

세상은 평화를 원합니다. 세상에는 평화가 필요합니다. 평화는 유토피아에 불과한 것이 아닙니다. 또한 다가갈 수 없는 이상도 아니며 실현할 수 없는 꿈도 아닙니다. 평화는 가능합니다. 그리고 평화가 가능하기 때문에, 평화를 이루는 것은 우리의 의무입니다. 중대한 의무이자 최고의 책임입니다.

요한 바오로 2세 성인 교황, 유엔 특별 회기에 보낸 메시지에서(1982.6.11.)

02

지금 여기,
그리스도의 이름으로 하나 되어

시작 예식

나는 성목요일 저녁에 조촐한 본당 만찬에 참석하여, 학교 선생인 조앤 옆에 서서 음식을 기다리고 있었다. 조앤은 중년의 나이였고, 독신이었다. 내가 성금요일 저녁에도 본당에서 간단한 저녁 식사 모임이 있다고 알려 주자, 조앤은 망설임 없이 이렇게 말했다. "좋네요! 이틀간 줄을 서더라도 모임에 와서 다른 분들과 같이 식사해야겠어요!"

어떤 사람들은 조앤처럼 매일 혼자 밥을 먹는다. 그러나 나는 그런 적이 별로 없다. 아홉 명의 형제들과 함께 자랐고, 지금도 아내와 두 아이와 함께 지내기 때문이다. 그렇기 때문에 혼자 밥을 먹을 때는 아주 가끔뿐이다. 나는 혼자 있고 싶어 하는 사람이 얼마나 많은지, 그들이 사람들과 얼마나 떨어져 지내려 하며, 개인 시간을 갖고 싶어 하는지 생각해 보았다. 이어폰을 낀 채 세상의 소리에 귀를 막고, 방마다 TV를 두면 혼자만의 시간을 즐길 수 있다. 많은 이들이 자신만의 공간을 갖고자 한다. 그래서 대중교통이나 공공장소에서 누군가 자기 옆에 앉지 않기를 바란다. 심지어 다른 이와의 만남을 피하기 위해 아주 멀리 떠나기도 한다. 그러나 무엇을 바랄 때에는 신중해야 한다. 우리는 자신이 바라는 것을 바로 이룰 수 있는 사람들이기 때문이다.

평화로이 가서 주님을 사랑하고 섬기러 갈 때, 외로운 방랑자로 가는 게 아니라 공동체의 일원으로 소속감을 지니고 간다. 또한 사심 없이 친절한 마음으로 가야 한다. 이때 다른 이를 이방인이나 경쟁자가 아니라 형제자매로 인식하는 눈이 필요하다. 중요한 것은 미사에 참례하기 위해 성당에 들어가는 순간, 내가 초대를 받았다는 사실을 잊지 않는 것이다. 이는 개인주의를 버리고 떠나라는 뜻이다.

개인주의가 그 자체로 나쁜 것이 아니다. 그러나 성찰되지 않은 개인주의는 자기애를 부추긴다. 자기애는 약화된 이기주의다. 우리는 매일 수많은 매체에서 나만의 만족을 추구하라는 무언의 압박을 받는다. 그러다 보니 어느새 다른 이를 고려하지 않고 나 자신에게만 집착하게 된다. 아담과 하와의 타락도 이러한 자기애에서 비롯되었다. 그들을 유혹한 뱀은 자기만 생각하는 이기주의의 표상이다. 예수님께서는 광야에서 다른 이가 아닌 자신의 필요에 대해 걱정하라는 유혹을 받으셨다. 또한 그분은 겟세마니 동산에서 "하느님의 뜻이 이루어지소서."가 아닌 "제 뜻이 이루어지소서."라는 유혹을 받기도 하셨다. 자기애적 태도는 우상 숭배의 일종이라 할 수 있다. 이는 내게 만족을 가져다줄 다양한 것들에 충성하라고 유혹한다.

이런 상황에서 미사는 사회에 세력을 떨치는 자기애를 치료해 주는 약이다. 미사 시작 예식에 참여할 때, 우리는 공동체에 참여하게 된다. 지하철이나 공항, 슈퍼마켓이나 상점 같은 곳에서는 서로 지나쳤던 사람들이 성당에서는 서로 인사를 주고받는다. "여기 들어오는 모든 사람은 중요하다!"라는 환대를 받으며 서로를 만나는 것이다. 이 환대를 통해서 나의 존엄성이 개인 자체에서 나오는 것이 아니라 서로가 형제자매로 머무를 때 나온다는 사실을 깨닫게 된다.

미사 시작 예식은 '불러 모음' 예식이라고 표현하기도 한다. 이 불러 모음은 두 가지 차원에서 이루어진다.

첫째, 개개인을 공동체로 불러 모으는 것이다. 《로마 미사 경본 총지침》(2017)에는 "주님의 만찬인 하느님의 백성은 …… 함께 모이라고 부름을 받는다."라고 쓰여 있다. 또한 "미사 거행에서 그리스도께서는 당신의 이름으로 모인 회중과 집전자의 인격과 당신 말씀 안에 참으로 현존하시며"(27항)라고도 쓰여 있다. 미사는 개인적 신심 행위가 아니라 '공동체적' 기도다. 우리가 함께 성가를 부르고, 사제와 신자들 간에 대화(계응)를 하거나, 환호하면서 어떤 동작을 하거나, 응답을 하고 여러 가지 자세를 취하고, 침묵을 지키는 것은 "미사가 공동체의 거행임을 외적으로 드러낼 뿐만 아니라 사제와 교우들의 일치를 이루고 굳건하게 한다."(34항)라는 말에서 그 의미가 드러난다.

미사의 '불러 모음' 예식으로 함께 모인 이들 안에서 그분의 현존을 발견하려고 하지 않는다면, 빵과 포도주 형상에서 예수님의 현존 역시 발견할 수 없다.

브루스는 시카고에 있는 에일브 본당에서 부제로 있다. 나는 부제 양성 프로그램에서 그를 가르친 적이 있다. 또한 평신도 사도직 양성 프로그램과 교리 교사 양성 프로그램에서 에일브 본당 평신도 몇 명을 가르치기도 했다.

어느 날 브루스 부제는 우리 가족을 에일브 본당으로 초대했다. 몇 달 후 나는 가족들과 함께 그 본당 미사에 참례했다. 가족들은 가 본 적 없는 낯선 본당에 가는 것을 별로 탐탁지 않아 했다. 그런데 우리가 성당에 들어가자마자 브루스 부제가 달려 나와 팔을 벌려 나를 안으며 환영해 주었다. 한 번도 만난 적 없는 내 아내와 아이들에게도 그렇게 하였다. 브루스 부제가 그토록 반기자 아내와 아이들은 어쩔 줄 몰라 하며 기뻐했다.

곧이어 주임 사제인 존 신부가 현관을 가로질러 와서 우리를 포옹하며 한 사람 한 사람을 환영해 주었다. 그리고 한 열 걸음쯤 내디뎠을 때 내가 평신도 사도직 양성 프로그램과 교리 교사 양성 프로그램에서 가르쳤던 제자들을 만났다. 나는 이들과도 포옹을 했다. 우리가 성당 의자에 앉으려고 할 때 평화의 모후 고등학교 제자 한 명이 아내에게 다가와 인사했다. 자리에 앉기까지 우리는 적어도 열두 명과 인사를 나누고 포옹했다.

집으로 돌아올 때 가족들은 에일브 본당 교우들이 우리 본당 사람들보다 더 따뜻하게 맞아 주어서 놀라웠다고 입을 모았다.

앞에서 말한 것처럼, 불러 모음은 두 가지 단계로 이루어진다. 첫 번째 단계는 우리가 공동체를 이루기 위해 모이는 단계다. 몇몇 교회들은 이러한 불러 모음이 상상 이상으로 중요하다는 사실을 인식하게 됐다. 불러 모음은 제자 됨의 특징이다.

다음 단계는 우리의 마음속에서 이루어져야 하는 불러 모음이다. 미사에 참례하러 성당에 오면 생각과 정신 그리고 나 자신을 불러 모으는 시간이 필요하다. 성당에 일찍 도착해서 이웃과 인사를 나눈 다음, 자리에 앉거나 무릎을 꿇고 침묵 속에 머물 시간이 필요한 것이다.

이러한 시간을 통해 생각을 집중하고, 관심사를 나 자신에서 하느님과 이웃 형제자매들에게 향하는 여정을 시작한다. 이렇게 보면 시작 예식의 목적이 공동체를 이루기 위해 신자들을 불러 모으는 것뿐만이 아니다. 시작 예식은 신자들이 하느님의 말씀에 귀 기울이고 성체성사를 합당하게 거행하기 위해 사전에 준비하도록 한다. 이러한 시간이 없다면, 미사에 참례해서도 다른 이들이 아닌 나 자신에게만 집중하는 상태로 남아 있을 위험이 크다. 그래서 우리가 이런 준비를 잘하도록 도와준다.

시작 예식에서 성당에 앉아 마음을 모은 후 공식적으로 다른 신자들과 인사를 나눈다. 그리고 우리가 거행하는 축제나 전례 시기의 신비로 마음을 향하게 된다. 이는 입당 성가나 해설자의 짧은 해설을 통해 이루어지는데, 원칙적으로 입당 성가는 '그날의 전례에 적합한 성가'다. 불행하게도 많은 이들이 미사 중에 성가를 잘 부르지 않는다. 자신의 목소리가 성악가처럼 좋지 않기 때문에 입을 다물고 있어야 한다고 생각해서 그렇다. 하지만 이렇게 하면 나 자신을 공동체에서 떼어 놓고 마는 셈이 된다. 우리는 성가를 부를 때

노래를 하는 나 자신에게 집중한다고 생각한다. 하지만 사실 성가를 부르지 않을 때에는 노래하지 않고 있는 나 자신에게 더 집중하게 된다. 친구의 생일 파티에 참석해서 생일 축하 노래를 함께 부르지 않는 장면을 상상하기란 어렵다. 우리는 성가를 부르면서 형제자매들과 한데 모여 있게 되고, 한목소리를 냄으로써 모두 한마음이 되기 시작한다. 성가에는 공동체가 한데 모여서 하느님의 업적을 생각하도록 이끌어 주는 힘이 있다. 따라서 성가를 부름으로써 함께 모일 수 있게 되는 것이다.

사제의 입장 행렬 역시 우리를 공동체로 함께 모이게 해 준다. 복사가 높이 든 십자가는 행렬을 인도할 뿐만 아니라 신자들이 예수님의 한없는 사랑의 행위를 생각하도록 도와준다. 또한 복사들이 들고 있는 초는 우리 가운데, 그리고 나와 함께 부르심받은 이들 안에 현존하시는 예수님을 알아 뵙도록 길을 밝혀 준다. 독서자나 부제가 경건하게 옮기는 복음서는 진실로 하느님의 말씀을 받아들이도록 마음을 정화시켜 준다. 주례 사제는 회중의 지도자로서, 그리스도의 이름으로 함께 모인 모든 사람의 일치를 상징한다. 제대를 향해 행렬이 천천히 이루어지는 것은 우리 모두가 이 여정을 함께 하고 있고, 주님을 향해 나아가고 있다는 것을 상기시켜 준다. 주례 사제와 봉사자들이 제대 앞에서 절을 하고 사제와 부제들이 제대에 입을 맞출 때, 하나의 식탁에 함께 모였음을 다시금 깨닫는다. 각자의 테이블에 앉는 레스토랑과는 달리 미사는 하나의 식탁에 모두를 불러 모은다. 모두가 자리를 잡고 입당 성가를 부르고 나면, 한데 모인 이들은 사제와 함께 십자 성호를 긋는다. 오른손을 들어 이마에서부터(성부와) 가슴으로(성자와) 내려 긋고, 손을 왼쪽 어깨에서 오른쪽 어깨로(성령의 이름으로) 그은 뒤, 손을 모은다(아멘). 그리스도교의 오랜 전통인 이 동작은 우리가 세례를 받아 그리스도인으로 날인되었고, 그리스도께 속한 사람이 되었으며, 그리스도의 이름으로 모든 일을 해야 함을 상기시켜 준다.

† 성부와 성자와 성령의 이름으로.
◎ 아멘.

† 우리 주 예수 그리스도의 은총과
    하느님의 사랑과
    성령의 친교가 여러분 모두와 함께.
◎ 또한 사제의 영과 함께.

우리는 각자의 이름으로 모인 것이 아니라, '성부와 성자와 성령의 이름으로' 모인 것이다. 이제 사제는 참석한 모든 이에게 정식으로 인사를 한다. 미사 전에 이미 사람들과 인사를 하고 담소를 나누었더라도 지금은 전례 용어로 인사를 나눈다. 이 전례 용어는 바오로 사도가 처음 사용했는데, 바오로 사도는 코린토의 신앙 공동체에게 보낸 편지에서 이와 같은 말로 인사를 했다(2코린 13,13 참조). 다소 딱딱하고 격식 있어 보이지만 내가 나 자신보다 더 위대한 그 무엇의 일부분임을 상기시켜 준다. 세상 곳곳에 있던 이들이 지금 모여 하나의 신앙 공동체를 이루었으며, 먼저 세상을 떠난 이들이 사용했던 것과 같은 말을 사용하고 있다. 이러한 말을 통해 사제의 인사가 단순히 안부를 묻는 것이 아님을 알 수 있다. 사제의 인사는 은총을 내리시는 우리 주 예수 그리스도와, 일치를 이루시는 성령과 더불어, 하느님의 사랑이 언제나 우리와 함께 있으며 이것이 하느님의 뜻이라고 이야기하는 것이다.

또한 사제 역시 세계 공통의 전례 언어에 충실함으로써 자신을 관심의 중심에 두려는 유혹을 피할 수 있다. 이렇게 인사를 함으로써 공동체를 이루게 해 주는 미사 전례에 집중할 수 있다. 사제가 제의라는 특별한 복장을 입음으로서 자신에게 관심을 집중시키려 한다고 생각하는 이도 있을 것이다. 그러나 전례복은 사제의 정체성을 드러내고 사제로서의 역할을 강조하기 위한 것이다. 전례복은 사제의 신원을 분명히 하고 신자들의 관심을 사제가 공경하는 그리스도께 향하도록 한다. 사제는 백성의 지도자로서, 우리가 세례 때 "그리스도를 입는다"는 뜻으로 흰옷을 받아 입었다는 것을 상기시켜 준다. 물론 미사 때 이러한 흰옷을 입는 것은 아니지만, 우리는 성당에 들어가 성수를 손에 찍고 성호를 그으면서 예수님께서는 커지셔야 하고 나는 작아져야 한다는 것을 떠올린다.

미사 시작 예식은 참회 예식으로 이어진다. 우리는 서로 인사를 나누고, 마음을 모을 시간을 가지며 함께 입당 성가를 부른다. 그리고 공동체의 신앙 여정을 뜻하는 입당 행렬을 맞이하고 한 식탁 주위에 둘러 서 있다는 것을 인식한다. 개개인의 이름이 아니라 삼위일체 하느님의 이름으로 미사를 시작하고, 전례 형식으로 사제와 인사를 나누며 변화를 위한 마음과 정신의 문을 연 것이다. 우리는 한 주간을 돌아보며 회개하도록 초대받았고, 이 초대는 내가 아닌 타인에게로 관심을 돌리라는 회개의 초대다. 이 여정을 시작하면서 내가 혼자가 아니라 이 시간과 장소를 다른 이들과 함께 나누고 있음을 깨닫게 된다. 만일 나 자신에게만 관심을 둔다면 다른 이들 안에 현존하시는 하느님을 알아보지 못한 채 지나치게 된다. 예식에서 인사를 나눈 다음 바로 용서를 받아야 한다는 사실, 즉 회개에 관심을 기울이게 되는 것은 이렇게 볼 때 당연한 일이다.

―― 오늘부터 ――

미사 시작 예식의 의미를 되새기며 일상생활에서 실천하자.

❖ 날마다 마음을 모아 기도하는 시간을 갖자.
❖ 가정과 직장, 모임 등에서 만나는 사람들에게 친절을 베풀자.
❖ 개인주의와 이기주의에 빠지지 않도록 깨어 있자.
❖ 다른 이를 존중하자. 그들도 하느님의 모상으로 창조되었다.
❖ 내 인생길에 다른 이들을 초대해 함께하고, 다른 이들의 인생길에 함께해 주자.
❖ 자애심을 극복하고, 다른 이의 도움을 외면하지 말자.
❖ 홀로 외롭게 사는 사람들, 특히 독거노인들을 찾아가 함께해 주자.

몸은 하나이지만 많은 지체를 가지고 있고 몸의 지체는 많지만 모두 한 몸인 것처럼, 그리스도께서도 그러하십니다. 우리는 유다인이든 그리스인이든 종이든 자유인이든 모두 한 성령 안에서 세례를 받아 한 몸이 되었습니다. 또 모두 한 성령을 받아 마셨습니다. 몸은 한 지체가 아니라 많은 지체로 되어 있습니다. 발이 "나는 손이 아니니 몸에 속하지 않는다."고 말한다 해서, 몸에 속하지 않는 것이 아닙니다. 또 귀가 "나는 눈이 아니니 몸에 속하지 않는다."고 말한다 해서, 몸에 속하지 않는 것이 아닙니다. 온몸이 눈이라면 듣는 일은 어디에서 하겠습니까? 온몸이 듣는 것뿐이면 냄새 맡는 일은 어디에서 하겠습니까? 사실은 하느님께서 당신이 원하시는 대로 각각의 지체들을 그 몸에 만들어 놓으셨습니다. 모두 한 지체로 되어 있다면 몸은 어디에 있겠습니까? 사실 지체는 많지만 몸은 하나입니다. 눈이 손에게 "나는 네가 필요 없다." 할 수도 없고, 또 머리가 두 발에게 "나는 너희가 필요 없다." 할 수도 없습니다.

1코린 12,12-21

03

하느님의 자비로
새로워지는 우리

참회

    고등학교 1학년 때, 입을 잘못 놀려 곤욕을 치른 적이 있다. 어느 날 체육 선생님이 한 친구를 날마다 집에서 학교로, 학교에서 집으로 태워다 주는 걸 보게 되었다. 나는 그 친구에게 '선생님의 애완견'이라고 놀렸다. 그러자 친구는 갑자기 울음을 터뜨렸다. 그날은 금요일이었고, 월요일 아침에 등교하자마자 교무실로 오라는 통보를 받았다. 그제서야 내가 잘못을 저질렀다는 사실을 깨닫고 어떻게 이 일을 해결해야 할지 급히 고민에 빠졌다. 놀린 적이 없다고 해 버릴까? 아니면 그냥 장난친 것뿐이었다고 할까? 그것도 아니면 다른 친구가 그랬다고 할까? 내가 저지른 일을 책임지지 않으려고 열심히 해결 방법을 찾았다. 그러나 달리 방법이 없었다. 게다가 그 친구가 고아원에서 살고 있어서 선생님이 등하교 때마다 차를 태워 준 것이라는 사실을 알게 되자, 두려움은 두 배로 커졌다.

월요일 아침이 되는 게 두려웠고 도움이 너무나 절실했다. 결국 나는 세 형들에게 조언을 구했다. 형들은 내가 얼마나 바보 같은 짓을 했는지 충분히 알아들을 만큼 얘기한 다음, 내게 정말 필요한 조언을 해 주었다. 형들은 교무실에 가서 선생님이 말씀을 하시기 전에 다섯 가지를 말씀드리라고 일러 주었다.

바로 내가 잘못했다는 것, 그 일에 대해선 변명의 여지도 없다는 것, 무슨 벌을 주시든 달게 받겠다는 것, 내가 상처를 준 친구와 선생님에게 용서를 구한다는 것, 그리고 다시는 그런 잘못을 저지르지 않겠다는 것이었다. 그러고는 고개를 숙인 채 선생님이 말씀하기 전까지는 아무 말도 하지 말라고 했다. 변명도, 호소도 하지 말고 그저 선생님의 자비심에 나를 맡겨야 한다고 했다. 그리고 선생님이 무슨 말씀을 하시더라도 감사하다고 말씀드리고 나와야 한다는 것이었다.

형들의 충고를 그대로 따르는 것 외에는 선택의 여지가 없었다. 놀랍게도 그 방법은 효과가 있었다. 선생님은 나를 호되게 꾸짖지 않으셨다. 내게 실망했다고 말씀하시고 배워야 할 것이 많다고만 하셨다. 그로부터 4년이 지나 졸업식이 끝난 후 선생님을 만났다. 선생님은 그때 나를 퇴학시키려 했었다고 솔직히 이야기해 주셨다. 그러나 내가 반성하는 모습을 보고는 마음이 누그러져서 간단한 벌조차 주지 않았다고 하셨다. 진심이 담긴 사과는 삶에 이렇게 큰 변화를 줄 수 있는 것이다!

우리는 미사가 끝난 뒤, 겸손한 마음으로 주님을 사랑하고 섬기기 위해 평화로이 간다. 있는 그대로의 모습을 받아들여 나 자신의 연약함을 깨닫고 하느님의 한없는 자비를 느낀다. 내가 남보다 더 거룩하다는 태도가 아니라, 나 스스로 죄인이며 하느님의 자비로 정화되었음을 알고 가는 것이다. 또한 자신의 결점을 숨기지 않고, 하느님의 자비를 나누고자 하는 열정을 품고 세상으로 향한다. 어떻게 이러한 상태에 이를 수 있을까? 바로 겸손이라는 유익한 처방을 주는 미사의 참회 예식을 통해서다. 우리는 참회 예식으로 내 잘못을 알아차리고 죄를 반성함으로써 미사의 거룩한 신비를 거행할 준비를 하게 된다.

통회, 참회, 용서, 이 세 가지가 모이면 우리에게 커다란 영향을 미치는 강력한 보배가 된다. 미사에 함께 모여서 죄를 개인적으로, 공동체적으로 참회하고 하느님께 겸손하게 용서를 청하는 것은 놀라운 일이 아니다. 우리는 이 일을 '참회'라 불리는 미사의 한 부분에서 행한다. 이렇게 미사는 나 자신이 우주의 중심이 아님을 조금씩 깨닫게 해 준다. 시작 예식은 공동체의 필요성을 인식하게 해 주고, 참회 예식은 겸손이 필요하다는 것을 깨닫게 한다.

참회 예식은 우리가 죄의 용서를 지속적으로 청해야 한다는 사실을 상기시켜 준다. 우리가 거행하려는 그리스도의 죽음과 부활의 놀라운 신비를 위해, 그리고 동참하고자 하는 그리스도의 몸과 피를 위해 모든 전례의 시작부터 준비되어 있어야 한다. 이렇게 죄를 강조함으로써 훗날 돌아가야 할 세상을 떠올리게 된다. 세상은 하느님의 은총으로 가득 차 있다. 그러나 동시에 인간의 행동 때문에 죄가 많은 곳이기도 하다. 그래서 전례를 진행하기 전에 내가 알면서도 범했던 많은 죄를 인정하고 겸손하게 용서를 청하는 것이 중요하다. 앞에서 소개한 이야기에서 학생이 선생님 앞에서 변명을 늘어놓지 않고, 겸손하게 대처했던 것처럼 말이다.

참회라는 주제는 전례 전반에 걸쳐 거듭 반복된다. 이는 참회 예식의 중요성을 강조하기 위함이다. 참회 예식은 미사 후에 성당을 떠나서 만나게 될 죄악을 피하도록 촉구한다. 성찬례는 참회와 용서가 한 번으로 끝나는 이벤트가 아니라, 죄로 기울어지는 인간의 성향 때문에 지속적으로 이루어져야 하는 하나의 여정이라는 메시지를 전한다.

참회 예식은 세 가지 양식으로 이루어져 있다. 여기에 성수 뿌리는 예식은 포함되지 않는다(성수 뿌리는 예식은 우리가 세례 때 받은 죄의 용서를 상기시켜 준다).

제1양식은 단순하다. 제1양식은 라틴어 '콘피테오르confiteor'의 1인칭 단수로 시작하는데, '저는 고백하나이다.'라는 뜻이다. 즉 (저는) "전능하신 하느님과 형제들에게 고백하오니……."로 시작되는 '고백 기도'는 가장 개인적인 참회 양식이다.

(저는)

† 전능하신 하느님과

◎ 형제들에게 고백하오니

생각과 말과 행위로 죄를 많이 지었으며

자주 의무를 소홀히 하였나이다.

(가슴을 치며) 제 탓이요, (가슴을 치며) 제 탓이요,

(가슴을 치며) 저의 큰 탓이옵니다.

그러므로 간절히 바라오니

평생 동정이신 성모 마리아와 모든 천사와 성인과 형제들은

저를 위하여 하느님께 빌어 주소서.

제2양식은 가장 단순한 참회 양식이다. 이는 우리가 죄를 온전히 인정하고, 하느님께 자비와 사랑을 청하는 내용이다. 이 양식은 바리사이와 세리의 비유에 나오는, 성전 뒤에 서서 겸손하게 용서를 청하는 세리의 말을 떠올리게 하는 단순한 형식의 기도다(루카 18,9-14 참조).

† 주님, 저희를 불쌍히 여기소서.

◎ 저희는 주님께 죄를 지었나이다.

† 주님, 저희에게 자비를 베푸소서.
◎ 또한 저희를 구원하여 주소서.

제3양식은 자비를 청하는 말에 신자들이 탄원으로 응답하는 형식이다.

† 진심으로 뉘우치는 사람을 용서하러 오신 주님, 자비를 베푸소서.
◎ 주님, 자비를 베푸소서.

† 죄인을 부르러 오신 그리스도님, 자비를 베푸소서.
◎ 그리스도님, 자비를 베푸소서.

† 성부 오른편에 중개자로 계신 주님, 자비를 베푸소서.
◎ 주님, 자비를 베푸소서.

세 가지 양식 모두 사제의 사죄경, 즉 '씻어 냄', 또는 우리 죄의 용서를 청하는 기도로 끝난다.

† 전능하신 하느님, 저희에게 자비를 베푸시어

죄를 용서하시고 영원한 생명으로 이끌어 주소서.

◎ 아멘.

마지막으로, 만일 "주님, 자비를 베푸소서."라는 자비송을 바치지 않았다면, 자국어나 그리스어로 다음과 같이 응답한다.

† 주님, 자비를 베푸소서.(또는 키리에 엘레이손Kyrie, eleison)
◎ 주님, 자비를 베푸소서.(또는 키리에 엘레이손Kyrie, eleison)

† 그리스도님, 자비를 베푸소서.(또는 크리스테 엘레이손Christe, eleison)
◎ 그리스도님, 자비를 베푸소서.(또는 크리스테 엘레이손Chroste, eleison)

† 주님, 자비를 베푸소서.(또는 키리에 엘레이손Kyrie, eleison)
◎ 주님, 자비를 베푸소서.(또는 키리에 엘레이손Kyrie, eleison)

분명한 것은 전례를 계속하기 전에 참회 예식에서 내가 지은 죄에 대해 하느님의 제단 앞에서 진심으로 참회해야 한다는 것이다. 참회와 용서라는 주제는 미사 전례 중에 여러 번 반복될 만큼 중요하다. 이 주제는 사순 시기 동안 전례의 시작 기도 중에도 거듭 반복되어 나타난다. 참회와 용서는 한 해 동안 선포되는 대부분의 독서 말씀이 지향하는 바이다. 또한 우리가 자주 듣는 강론 말씀의 중심 주제, 즉 머릿돌이 된다. 이는 용서하고 치유하는 전례의 본질을 강조하고, 이러한 참회와 용서의 주제를 미사의 핵심이 되도록 한다.

우리는 주님의 기도를 바칠 때도 용서를 청한다. 또한 그리스도의 몸과 피를 모시기 바로 직전에도 죄를 인정하고 하느님의 자애를 거듭 청한다. 이러한 청원은 세상의 죄를 없애시는 예수님의 능력을 알기에 드릴 수 있는 것이다. 또한 내가 저지른 죄와, 그로 인해 나 스스로 성체를 받아 모시기 합당치 않음을 알고 있기에 자연히 이루어진다.

성체성사 거행에서 참회가 갖는 의미는 다른 입교 성사와 연결지어 생각해 볼 때 더 잘 이해할 수 있다. 세례는 새 신자로서 신앙의 여정을 시작하는 예식이자 죄를 사하는 최초의 예식이다. 그래서 우리는 참회 예식에서 세례를 기억할 수 있는 기회를 갖는다. 주례자는 이 예식에서 성수를 축복하거나 뿌릴 수 있다. 이를 통해 우리는 물로 세례받은 때의 기억을 되살려, 내가 죄로 인해 죽고 그리스도 안에서 새로운 생명을 얻었음을 생각하게 된다. 그렇기 때문에 성수를 뿌리는 예식은 참회 예식을 대신하여 거행된다. 가끔 성수 예식은 파스카 성야에 축복된 성수를 사용하여 거행된다. 파스카 성야에 집전되는 세례식에서도 성수 뿌리는 예식이 거행될 때도 있다.

신자들은 보통 성당에 들어갈 때, 성수대에서 성수를 손가락으로 찍어 십자 성호를 긋는다. 우리는 이때 세례를 기억하게 된다. 이 십자 성호는 죄를 참회한다는 표시이다. 궁극적으로는 미사가 끝났을 때 지니고 나갈 축복을 뜻한다.

할리우드 영화에는 길이 남을 명대사들이 있다. 그러나 때로는 정말 바보 같은 대사도 있다. 영화 〈러브스토리〉에서 알리 맥그로우가 라이언 오닐에게 "사랑이란 결코 미안하다는 말을 하지 않는 거예요."라고 말하는 대사가 그렇다. 어떤 인간관계가 "미안해요."라는 아름다운 말을 하지 않고 유지될 수 있을까? 내 결혼 생활을 돌아보면 영화 대사와는 반대로 오히려 수많은 "미안해요."로 이루어졌음을 알 수 있다. 사랑은 상대방에게 거듭거듭 "미안해요."라고 말하는 것을 의미한다. 이는 땅바닥에 설설 기는 그런 비굴함이 아니다. 그저 자신이 완전한 사람이 아니라는 사실을 인정한다는 의미이다.

참회 예식에도 전례의 다른 순서들처럼 성당을 나설 때나 일상의 생활로 돌아갈 때를 고려하는 부분이 있다. 우리는 죄를 인정함으로써 스스로 낮추어졌고, 성체성사로 용기를 얻었으며, 모든 유혹에 직면하도록 도전을 받았다. 쉽게 유혹에 굴복했던 과거와 지금은 다르다. 그러므로 유혹에 나 자신을 내어 주지 않는 한, 유혹은 승리할 수 없다. 그러므로 희망을 품고 성당을 나설 수 있으며 새롭게 은총을 자각한다. 죄로 낮추어지고, 죄로 반신불수가 되고, 무력감에 사로잡혔던 과거의 모든 모습을 벗어 던지고 변화된 것이다. 그래서 죄악이 더 이상 나를 움켜잡지 못한다는 것을 깨달으며 성당을 나서게 된다.

우리는 참회 예식에서 하느님의 사랑과 자비가 나 자신의 나약함보다 훨씬 더 강함을 깨닫는다. 그래서 참회 예식 동안 죄만 생각하는 것이 아니라, 오히려 하느님의 무한한 사랑과 자비로 죄를 극복할 수 있다는 사실에 관심을 쏟을 수 있게 된다. 자신을 낮추는 겸손은 자책의 행위가 아니다. 이는 인간보다 훨씬 위대하신 분의 현존 앞에 있다는 자각의 행위다. 또한 내 죄에 빠져 있는 것이 아니라, 하느님의 자비로운 선물을 기쁘게 찬양하는 것이다.

이런 기쁨은 참회 예식이 끝나면서 바로 드러난다. 이제 하느님의 영광을 기리면서 대영광송이라 불리는 찬미가를 부르는 단계로 넘어가는 것이다. 우리는 사순 시기와 대림 시기를 제외한 주일과 축일 미사 전례에서 대영광송을 부르면서 구세주를 기다린다. 이는 성탄 때 세상에 계시된 하느님의 영광을 찬미했던 천사들의 찬미가가 다시 울려 퍼지게 하는 것이다.

그리고 하느님께서 사람이 되시어 인간 가운데 탄생하셨다는 것을 기쁘게 선포한다. 이는 내가 방금 고백한 죄를 하느님께서 어깨에 짊어지시고 계속해서 구원하신다는 의미를 갖기 때문에 매우 중요하다. 하느님께서는 내가 겸손되이 청하고, 그토록 받고자 하는 자비를 베푸시는 것을 절대로 잊지 않으신다.

† 하늘 높은 데서는 하느님께 영광
○ 땅에서는 주님께서 사랑하시는 사람들에게 평화.
● 주 하느님, 하늘의 임금님
○ 전능하신 아버지 하느님
● 주님을 기리나이다, 찬미하나이다.
○ 주님을 흠숭하나이다, 찬양하나이다.
● 주님 영광 크시오니 감사하나이다.
○ 외아들 주 예수 그리스도님
● 주 하느님, 성부의 아드님
○ 하느님의 어린양
● 세상의 죄를 없애시는 주님, 저희에게 자비를 베푸소서.
○ 세상의 죄를 없애시는 주님, 저희의 기도를 들어주소서.

- 성부 오른편에 앉아 계신 주님, 저희에게 자비를 베푸소서.
◎ 홀로 거룩하시고, 홀로 주님이시며, 홀로 높으신 예수 그리스도님 성령과 함께 아버지 하느님의 영광 안에 계시나이다. 아멘.

이로써 겸손이라는 좋은 처방을 받고 참회 예식을 마친다. 하지만 이제 곧 듣게 될 성경 말씀을 통해 하느님의 현존을 미리 맛보고 대영광송에서 하느님의 자비를 다시 한 번 청할 기회를 갖게 된다. 우리가 하느님의 영광을 마주할 때 할 수 있는 일은 오직 죄의 용서를 청하는 것이다. 이렇게 용서를 청함으로써 하느님 현존의 기쁨으로 충만하게 걸어 들어갈 수 있게 된다. 대영광송에 이어 간단한 본기도를 바치게 되는데, 본기도에서 사제는 신자들의 개별 기도들을 모아서 한목소리로 하느님께 올려 드린다. 이제 말씀 전례로 들어서는 것이다.

―――――――― 오늘부터 ――――――――

참회 예식의 의미를 되새기며 일상생활에서 실천해 보자.

❖ 겸손한 마음으로 살자.
❖ 하느님께서 나를 용서하신 것처럼 나 역시도 다른 이를 용서하자.

❖ 사람에 대한 판단을 삼가자. 나 역시 다른 형제자매와 똑같은 사람이다.

❖ 나에게 주어지는 하느님의 자비와 사랑을 발견하자.

❖ 이제까지 해 오던 것보다 더 잘하기 위해 노력하자.

❖ 포기하지 말자. 용서를 통해 항상 다시 시작할 수 있기 때문이다.

❖ 나 자신과 다른 이들에게 솔직해지자.

❖ 영광스럽게도 하느님께서 나를 사랑하신다. 그러니 기쁘게 살자.

오늘 이 집에 구원이 내렸다. 이 사람도 아브라함의 자손이기 때문이다. 사람의 아들은 잃은 이들을 찾아 구원하러 왔다.

루카 19,9-10

04

말씀으로 함께하시는 하느님

성경 독서

　아마 약국을 지하실에 차리는 사람은 없을 것이다. 하지만 나는 우리 집 지하실 구석에 내 성을 딴 '파프로키 약국'을 차렸다. 나는 약사였던 아버지와 할아버지 덕분에 시카고 남쪽에 위치한 '파프로키 약국' 위의 아파트에서 자랐다. 그리고 지금 나는 지하실에 조제 약병들, 낡은 카메라, 파프로키 상표가 있는 약품 등과 파프로키 약국이 1919년에서 1987년까지 지역 사회에 기여한 역사를 말해 주는 오래된 사진들을 걸어 놓았다.
　가끔 그때로 돌아가서 유년 시절과 청소년기, 그리고 청년 시절에 약국에서 일했던 경험을 떠올리곤 한다. 그리고 아버지와 할아버지에 관한 추억을 자주 떠올린다. 그 추억들은 영감을 주고, 나 자신이 누구인지 깨닫게 해 준다. 특히 1970년대 후반, 암울했던 경제 불황 시기에 아버지가 겪으셨던 역경들을 떠올리곤 한다. 아버지는 거의 파산 지경에 이르렀어도 하느님을 향한 믿음을 저버리지 않으셨다. 그리고 추수감사절에 자신을 '세상에서 가장 부유한 사람'으로 만들어 주신 하느님께 감사드린다고 하셨던 일을 기억한다. 나는 내 자녀들에게도 이 이야기를 들려주곤 한다. 그리고 하느님께서 어려운 시기에 아버지를 굳건하게 해 주셨던 것처럼 내가 어려울 때도 도와주시고, 자녀들이 곤란에 처할 때도 도와주시리라는 것을 믿는다. 하느님께서는 한 약사의 평범한 삶에 참으로 여러 가지 놀라운 일들을 보여 주셨다.

우리는 미사로 자신감을 얻고 앞으로 나아가게 된다. 그리고 역사에서 하느님 구원 행위를 확실히 보았기 때문에 그분을 좀 더 가깝게 느낄 수 있다. 가톨릭 영성은 하느님께서 구원 역사를 통해 수많은 놀라운 업적들을 이루셨다는 굳건한 믿음을 기반으로 한다. 영적인 측면을 인간이 주도해 나간다는 것은 불가능하다. 주도한다는 것은 먼저 시작한다는 의미다. 우리는 신앙 유산으로서 하느님께서 이러한 업적들을 먼저 이루셨고, 인간이 이에 응답하는 위치에 있을 뿐이라는 사실을 알 수 있다.

우리도 노를 젓는 뱃사공처럼 앞으로 나아가지만, 때로는 뒤를 바라보기도 한다. 목적지를 향해 가지만 눈을 출발점에 두고 인생길을 재촉한다. 이런 우리에게 말씀 전례는 과거를 돌아보고 하느님께서 어떻게 당신 백성의 삶, 즉 평범한 사람들의 삶 안에서 놀라운 일을 행하시는지를 깨닫는 기회가 된다.

이처럼 말씀 전례 때 선포되는 성경 말씀으로 인간의 삶에 일어난 놀라운 장면들을 접하게 된다. 그리고 그분께서 당신 백성의 삶에 어떤 놀라운 방법으로 개입하셨는지에 대해 들으며, 인간의 삶에 놀라운 일을 행하셨음을 알게 된다. 독서는 단순히 옛날이야기 낭독이 아니라, 살아 있는 하느님 말씀의 선포이다.

이에 응답하여 우리는 유카리스트Eucharist, 즉 성체성사를 거행한다. 이 말은 '감사드린다'는 뜻의 그리스어 에우카리스티아 $ε\dot{υ}χαριστια$에서 유래된 말이다. 과거와 현재에 확실히 감사함을 느끼는 것들이 있기 때문에 이런 말을 쓴다. 그러므로 미래에 대한 확신을 품고 하느님께 기도드릴 수 있다. 과거의 경험으로 미루어 볼 때 하느님께서 인간의 기도를 들어주신다는 것은 분명하기 때문이다. 또한 제1독서와 제2독서 후에 "하느님 감사합니다."라고 말하고, 복음 봉독 후에 "그리스도님 찬미합니다."라고 응답한다. 이는 성경 말씀을 통해 지금 하느님께서 나와 함께 계심을 알기 때문이다. 그리고 복음을 듣기 전에 "알렐루야."라고 외치는 것은 곧 듣게 될 말씀이 기쁜 소식이라는 것을 알기 때문이다. 또한 엄지손가락으로 이마와 입술, 그리고 가슴에 십자가를 그으며, "주님, 영광 받으소서."라고 한다. 이는 성경 말씀의 내용을 따르기 위한 준비다. 하느님께서 인간을 어떻게 구원하시는지에 대한 말씀을 들었다면, 세상에 예수님('예수'는 '하느님께서는 구원하신다'는 뜻)을 선포하는 것을 망설여서는 안 된다. 왜 예수님을 믿어야 하는지를 묻는 이들에게 하느님께서 먼 과거를 비추어 주는 성경 말씀과, 하느님께서 우리의 일에 계속 관여하셨음을 보여 주는 이야기들을 통해 확실하게 응답해 주어야 한다.

성경에서 하느님께서는 대부분 다른 이들의 증언으로 계시되신다. 우리는 성경 이야기에서 증거자 또는 순교자가 되기도 한다. 순교자는 자신의 생명을 바침으로써 부활하신 그리스도의 증인이 된 그리스도인들이다. 초기 그리스도교 신자들에게 순교자란 부활하신 그리스도의 현존을 말과 행동으로 신뢰하고 증인이 된 모든 이를 일컬었다.

우리는 신앙 교리를 직접 증명하지는 못하지만, 하느님께서 인간을 구원하신다는 확신에 찬 증거가 있다. 그리고 예수 그리스도를 통하여 하느님 구원에 대한 증거자로서 나 자신을 세상에 드러내고, 삶으로서 이를 증거해야 한다. 아시시의 프란치스코 성인은 이런 가르침을 주었다. "우리는 복음을 증거한다. …… 그리고 가끔은 이를 말로 선포하기도 한다."

말씀 전례 동안 선포되는 이야기들은 구원하시는 하느님의 업적이 3년마다 반복될 수 있도록 배열되어 있다. 사람들은 멀리 배를 저어 나가면서도 돌아올 곳을 바라본다. 이처럼 우리도 말씀의 여정에서 안전하게 돌아올 수 있도록 떠났던 곳을 바라보며 그곳을 결코 잊지 않으려 애쓴다. 이처럼 전례력과 3년 주기의 주일 독서를 통해 신앙 여정은 계속 된다.

미국에 있는 거대한 협곡인 그랜드 캐니언에 가 본 적이 있는가? 가 보았다면 그때 어떤 느낌을 받았는가? 우리 가족은 웅대한 경관을 보자마자 다른 이들처럼 "우와", "와!" 하고 감탄했다. 전망대에 서서 웅장한 경관을 보며 계속 경탄했다. 그 경관을 한눈에 다 보는 것은 불가능했기에, 가장자리 길을 따라 경관을 보기 시작했다. 걸어갈수록 위대한 자연의 예술 작품에 놀랄 뿐이었다. 걸어서 꽤 멀리까지, 길 아래쪽으로 내려오자 또 다른 전망대가 나타났다. 우리는 그곳에서 사진을 찍기 위해 멈췄고 또 "와!", "오!" 하고 감탄하고 말았다.

첫 번째 전망대와 같은 곳을 바라보고 있었지만 전망이 전혀 달랐다. 그랜드 캐니언은 이와 같이 다채로운 모습을 하고 있어 오늘날까지 그 명성을 얻고 있다는 생각이 들었다.

그리스도의 현존을 만날 때도 그랜드 캐니언처럼 놀랍도록 넓고 깊은 것을 바라보는 것과 같은 자세를 가져야 한다. 그리스도의 파스카 신비, 즉 그리스도의 지상 생활과 고난, 그리고 죽음과 부활의 신비는 너무 크고 놀라워서 이를 다 이해하기 어렵다. 그래서 오래된 그리스도교 성가에서는 "얼마나 위대한 업적인가."라고 찬미한다. 우리는 전례력이나 독서 주기에 따라 반복적으로 그 신비를 만나고, 여러 가지 지점에서 파스카 신비를 응시한다. 그리고 그 외의 기간에는 그리스도의 전반적인 실재에 시선을 고정하면서 길을 따라 순회하고(연중 시기), 가끔은 특별한 각도(대림·성탄 시기, 사순·부활 시기)에서 신비에 좀 더 집중하기 위해 잠시 멈추게 된다.

신앙 여정을 배열해 놓은 전례력은 대림 시기(주님 성탄 대축일 전 4주간)부터 시작된다. 우리는 대림 시기의 독서에서 희망에 집중한다. 그리고 메시아를 고대했던 이스라엘 백성들의 소망에 나의 소망을 연결시킨다. 예언자들과 메시아의 도래를 설파한 요한 세례자의 말을 들으며, 인간이 헛되이 희망하지 않는다는 것을 깨닫게 된다. 우리는 과거를 통해 언제나 희망이 헛되지 않았음을 깨닫고, 늘 희망을 품게 될 것이다. 대림 시기의 성경 말씀은 예수님의 제자가 되는 것이 성탄 축제 기간뿐만 아니라 한 해 전체에 걸쳐 기쁘고 희망이 넘치는 기대감으로 삶을 이끌어 가야 한다는 뜻임을 가르쳐 준다.

성탄 시기의 성경 말씀에서는 하느님께서 사람이 되신 사실과 그로 인한 예수님의 현존을 묵상한다. 그리고 예수님의 탄생과 하느님께서 인간의 모습으로 온 세상에 드러내신 공현에 대한 이야기를 듣는다. 이를 통해 우리가 가진 인간적 조건을 경축하게 된다. 왜냐하면 우리가 가진 인간적 조건이 예수님의 신적 현존으로 스며들었기 때문이다. 이를 통해 내가 어디로 가고 무엇을 하든지 임마누엘('하느님께서 우리와 함께 계시다'는 뜻)이신 예수님께서 곁에 계심을 알게 된다. 내가 혼자가 아니라는 사실을 알았으니 더 이상 두려워할 필요가 없다. 또한 하느님의 모습이 인간의 모습으로 계시되었기에 이웃을 이방인으로 볼 필요가 없다. 하느님께서는 강생을 통해 우리로 하여금 형제자매 중 가장 보잘것없는 이들에게서 예수님의 모습을 볼 수 있게 해 주신다.

사순 시기(주님 부활 대축일 전 40일) 동안에는 우리가 제자로서 예수님을 따른다는 것이 무슨 뜻이며, 예수님을 따르기 위해서는 무엇을 감당해야 하는지를 깊이 생각해 보게 된다. 우리는 살면서 많은 유혹을 받는다. 사순 시기의 성경 말씀을 읽으면 예수님께서 어떻게 유혹을 물리치셨는지를 볼 수 있다. 또한 인간을 구원하고 보호하시는 예수님의 능력을 보여 주는 말씀과, 예수님을 따르려면 내가 어떤 것을 책임져야 할지를 알려 주는 말씀을 듣는다. 또한 십자가의 신비를 더 깊게 생각해 보고, 어떻게 고통이 구속적救贖的 일 수 있는지도 깊이 생각해 본다. 그로서 우선순위를 다시 세우고, 무엇에 중점을 두어야 하는지를 분명히 하게 된다.

성주간, 특히 성삼일(성목요일, 성금요일, 성토요일)의 성경 말씀은 "그리스도께서 돌아가셨고, 부활하셨으며, 다시 오실 것이다."라는 신앙의 핵심으로 인도한다. 우리는 예수님께서 사람들과 제자들에게 버림받고 배반당하신 이야기를 들으며 내게 용기와 헌신이 부족함을 깨닫는다. 또한 예수님께서 아버지의 뜻에 순종하신 이야기와 당신 임무에 충실하기 위해 받으셨던 수난의 말씀을 듣는다. 그리고 고통과 죽음에 관한 이야기를 들으며 살기 위해서는 죽어야 한다는 신앙의 역설을 듣게 된다. 예수님께서는 가장 깊은 어두움을 체험하셨기에, 우리 삶의 가장 암울한 순간조차도 그분께 돌려 드릴 수 있다는 것을 알게 된다.

춘분 이후 만월 다음 주일로 시작하는 50일의 부활 시기 동안 성경의 기쁜 말씀은 죽음의 변모를 통해 오는 새 생명을 축하하도록 이끈다. 제자들에게 나타나 부활하신 예수님의 이야기를 읽으며 그분께서 오늘도 우리 가운데에 계심을 알게 된다. 그리고 부활 시기 동안 부활하신 예수님의 영께서 바로 여기, 우리 신앙 공동체 안에 계시어 기쁜 소식을 나눌 원의와 능력을 주심을 믿고 축하한다.

성경 말씀은 대림·성탄·사순·부활 시기를 제외한 기간인 연중 시기에 드넓은 그랜드 캐니언에서 전망대 사이를 다니며 바라본 것처럼 우리가 넓디넓은 그리스도의 파스카 신비를 탐사하도록 부른다. 연중 시기의 성경 말씀은 연중 시기ordinary time에 평범한ordinary 일은 하나도 없다고 가르쳐 준다. 교회는 하느님의 현존과 그분의 지속적인 사랑을 인식하고, 하루하루가 하느님께 속한 것이기 때문에 단 하루도 그냥 지나치는 날이 없다. 모든 주일을 이렇게 생각하기 때문에 연중 시기ordinary time라는 단어는 평범하다는 뜻의 ordinary에서 온 것이 아니다. 이는 번호를 매겼다는 ordinal이라는 단어에서 온 것이다. 매일매일, 그리고 주일마다 성경에서 선포되는 주님의 업적들을 만나기에 이 순간과 모든 순간이 하느님께 속한다는 것을 생각한다.

신자들은 종종 여러 부류의 독서 봉사자들로 인해 미사에 집중하는 데 어려움을 겪곤 한다. 예를 들어 다른 이에게 심하게 주의를 기울이는 민감한 사람, 독서하는 내내 머뭇거리고 더듬거리며 준비되지 않은 모습을 보이는 이들이 그러하다. 일반적인 독서자들은 이러한 두 부류의 중간쯤에 있다. 그러나 가끔 매우 특별한 순간을 보게 되기도 한다. 바로 독서자가 선포하는 그 말씀이 마음속으로 젖어들고, 말씀의 체험이 은총으로 비추어질 때다. 그럴 때면 우리는 모두 미사에서 다정하고 신비롭기도 한 하느님의 현존과 함께 얼굴을 맞대고 마음을 함께하게 된다.

나는 캐런이 성금요일에 이사야 예언서의 고통받는 주님의 종에 관한 말씀을 봉독한 순간을 잊지 못한다. 캐런은 독서 봉독을 마치고 장엄하게 "주님의 말씀입니다."라고 선포했다. 경건한 침묵이 성당을 뒤덮었다. 잠시 후, 지극히 겸손하게 캐런은 다시 "주님의 말씀입니다."라고 조용히 말했다. 그제야 신자들은 혀가 풀려서 "하느님 감사합니다."라고 신심 깊게 응답하였다. 캐런이 자기 자리로 걸어갔을 때, 모든 사람은 일어서서 캐런이 방금 선포한 살아 계신 하느님의 말씀에 깊은 찬사를 드렸다.

하느님의 말씀은 살아 있다. 그리고 그 말씀은 권위 있게 선포되어야 한다. 초기 교회에서 권위를 가지고 가르치는 사람은 자신이 배운 것을 다른 이가 실천할 수 있게 해 주는 사람으로 인식되었다. 예수님께서는 권위를 가지고 가르치셨는데, 그분의 말씀은 거룩하게 살라는 하느님의 부르심을 사람들이 실천할 수 있도록 해 주셨다. 우리가 하느님 말씀을 받아들일 때, 권위를 가지고 말할 수 있는 증거자가 된다. 그 권위란 해야만 하는 일을 다른 이에게 강요하여 약자를 괴롭히는 권위가 아니다. 이는 사람들이 그리스도인들의 말과 행동으로서 예수님의 제자로 살아갈 수 있는 길을 제시하는 권위다.

삶의 의미가 하느님의 말씀과 연결될 때 진정으로 발견할 수 있음을 깨닫고 날마다 살아가자. 그렇다면 우리 삶이 계속 이어지는 큰 이야기 속에서 이루어짐을 알게 될 것이다. 말씀 전례에 이어지는 강론에서는 이 특별한 말씀이 삶에서 어떻게 재해석되는지를 알 수 있게 된다.

--- 오늘부터 ---

말씀 전례의 독서 말씀을 통해 받은 은총을 일상생활에서 실천해 보자.

- ❖ 하느님의 위대한 업적이 현재에도, 미래에도 계속될 것임을 믿으면서 살아가자.
- ❖ 하느님의 구원 능력에 대한 증인으로서 말하고 행동하자.
- ❖ 내 삶을 하느님 구원 계획에 맡기자.
- ❖ 모든 시간이 하느님께 속해 있고, 평범한 순간은 없다는 것을 깨달으며 살아가자.
- ❖ 하느님을 삶의 중심에 모심으로써 생기는 변화에 나 자신을 열어 두자.

- ❖ 삶이란 이미 내게 적극적으로 다가오신 하느님께 응답하여 살아가는 것임을 깨닫자.
- ❖ 과거에 감사하고 현재를 받아들이며, 미래를 희망하며 살자.
- ❖ 일상에서 하느님 사랑의 현존을 좀 더 세심하게 증거하자.
- ❖ 사람들이 하느님의 말씀을 실천할 수 있도록 권위를 갖고 전하자.

우리는 또한 끊임없이 하느님께 감사를 드립니다. 우리가 전하는 하느님의 말씀을 들을 때, 여러분이 그것을 사람의 말로 받아들이지 않고 사실 그대로 하느님의 말씀으로 받아들였기 때문입니다. 그 말씀이 신자 여러분 안에서 활동하고 있습니다.

1테살 2,13

05

신앙의 눈으로 삶을 바라보기

강론

　새로 서품된 보좌 신부가 토요일 저녁 미사에서 첫 강론을 했다. 그는 신학교에서 배운, 모든 수단과 방법을 다 동원해 강론을 했다. 새 신부에게는 유감이지만 아마도 겨우 몇 사람만이 그의 강론을 이해할 수 있었을 것이다. 성당 계단에서 시계를 보며 신호를 보내는 나와 눈이 마주쳤을 때, 그의 얼굴에는 미소가 가득했다. 그러다 내 신호에 따라 시계를 보고는 놀라 어찌할 줄 몰라 했다. 자신이 그토록 오래 강론했다는 사실을 믿을 수 없었던 것이다. 미사가 끝난 후, 그는 기어들어 가는 목소리로 어떻게 된 일이냐고 물었다. 나는 그에게 앞으로도 50년은 더 강론을 할 텐데, 첫 강론에서 모든 것을 말할 필요는 없다고 말해 주었다.

성경 말씀에서 삶을 재해석하는 것은 사제나 부제가 전하는 강론을 통해서다. 우리는 강론을 통해 성경 말씀이 바라보는 관점에서 삶을 재해석하게 된다.

강론을 효과 있게 하려고 신자들을 열광시키거나 재미있게 해야 할 필요는 없다. 강론이 오락적 가치로 판단되어서는 안 되기 때문이다. 강론은 신자들이 성당을 떠나 가정이나 학교, 직장으로 돌아갔을 때, 실제로 어떤 영향을 미쳤는지를 기준으로 평가되어야 한다. 하느님의 백성은 예수님의 사명을 수행할 중대한 책임을 지니고 성당을 떠난다. 그러기에 이들은 사명을 수행하는 데 도움이 될 훌륭한 강론을 들을 권리가 있다.

강론은 미사에서 극적인 순간 가운데 하나다. 신자들은 강론이 어떻게 전개될지 모르기 때문이다. 또한 강론은 미사 때 해야 할 말과 몸짓이 미리 정해져 있지 않은 몇 안 되는 순간 중 하나다. 신자들의 높은 기대감과 강론하는 사제의 인간적 한계의 조합은 극적인 효과를 더한다. 사실 한낱 인간이 어찌 하느님의 불멸하신 말씀에 관해 말할 수 있겠는가? 그러한 점을 생각해 보면 강론자가 하느님의 말씀인 풍요로운 성경의 말씀 자체를 자신의 말로 대체하여 강론하는 것이 쉬운 일은 아니다.

성경 말씀은 세대에서 세대로 이어지는 이야기뿐만 아니라 수 세기에 걸친 찬가, 환시, 예언, 구세주 예수님의 말씀과 행적, 사도들의 편지들로 구성되어 있다. 신자들은 이러한 이야기들의 선포와 복음 말씀에 대한 강론을 들으려고 기다린다. 하느님의 백성은 그저 그들만의 경험과 감정, 욕망과 희망과 꿈을 짊어지고 조용히 앉아 있는 것이다. 그러면 우리는 강론에서 무엇을 기대할 수 있고, 무엇을 기대해야 할까? 대답은 오직 하나뿐이다. 바로 '변화'다.

어떻게 7~8분의 강론이 삶에 변화를 가져다줄 수 있을까? 미사에서 교회 역사 안에서 강론이 어떻게 발전해 왔는지를 본다면 오늘날 강론의 역할을 잘 이해할 수 있을 것이다. 예수님께서 돌아가시기 전날 밤 제자들과 함께 처음 빵을 떼어 나누어 주신 이래, 강론은 세기를 거치며 흥미로운 역사를 만들어 왔다.

초기 교회의 교부들은 특별한 전례 거행을 위해 설교문을 썼다. 이는 가톨릭 신앙의 관점에서 볼 때 위대한 논문들이다. 이들 설교의 대부분은 직접 손으로 쓴 것들인데, 책 한 권 정도의 많은 분량이다. 그뿐만 아니라 그 시대의 매우 앞선 철학적·신학적·사목적 사고의 일부를 소개하기도 한다. 이에 반해 강론이 짧거나 미사 중에 강론이 전혀 없던 시기도 있었다. 성당에 마이크가 없던 시절에는 제대로 교육받지 못한 성직자가 마찬가지로 교육이 부족한 신자들에게 이야기를 해야 했다. 이런 상황을 감안한다면 전례에서 강론이 약화되기 쉬웠을 것이다. 그러나 수 세기에 걸쳐 교회 역사에는 훌륭한 설교가들이 등장했다. 그들 덕분에 교회는 은총을 받을 수 있었다. 강론 하나가 십자군을 일으키고, 왕을 폐위시키고, 교황령 기능을 유지하는 데 필요한 충분한 자금을 조달할 수 있었다. 또는 한 번의 강론이 수많은 회심을 불러일으키고, 무기를 내려놓게 했으며, 폭동을 멈추게 했다. 무엇보다도 가장 중요한 일은 사람들의 마음을 변화시킨 것이다. 적당한 시간과 장소, 적당한 설교가가 하는 강론은 말을 넘어서 힘을 발휘할 수 있었다.

성경을 강조하며 시작된 종교 개혁으로 하느님 말씀에 근거한 설교를 강조하는 프로테스탄트 설교자들이 늘어났다. 같은 시기에 가톨릭 교회는 하느님 말씀을 지나치게 강조하는 것을 경계했다. 그래서 표지, 상징, 의식 같은 성사 생활에 참여하는 것에 집중했다. 그러다 보니 트리엔트 공의회에서 1960년대 제2차 바티칸 공의회에 이르기까지 강론은 가톨릭 미사에서 점차 그 중요성을 잃어갔다. 아마 나이가 지긋한 어르신 중에는 어느 해 여름인가 미국 전역에 몇 달동안 폭염이 이어지자 미사 중에 강론이 없었던 것을 기억할 것이다. 제2차 바티칸 공의회의 쇄신과 '전적이고 적극적인 미사 참례'에 대한 주교들의 호소 이후에, 강론의 중요성이 재확인되었다. 그리하여 오늘날 대부분의 가톨릭 신자들에게 강론 없는 미사란 생각하기 어렵게 되었다.

강론은 한때 설교라고 불리던 미사의 한 부분을 말한다. 물론 현재의 강론에도 설교와 같은 면이 있긴 하지만 다르다. 그렇다면 강론과 설교의 차이는 무엇일까? 설교는 교리에 대한 설명과 여러 주제나 문제들에 대한 윤리적 권고를 하는 경향을 띤다. 이와 달리 강론은 전례 때 선포된 성경 말씀의 관점에서 삶을 해석한다. 설교가 집회에서 선포되고 신자들에게 답을 주는 경향이 있다면, 강론은 우리가 여러 가지 방법으로 질문을 던지도록 이끈다. 또한 설교가 삶에 필요한 기본적인 해답을 제공한다면, 강론은 책임을 부여한다. 각자의 고유한 상황에 따라 하느님의 말씀을 적용할 의무를 부여하는 것이다. 훌륭한 강론은 '예수님에 관해서 선포하는 것'이 아니라, '예수님을 선포하는 것'이다. 강론자는 하느님에 관해서 이야기하는 것이 아니라, 전례 안에 현존하는 살아 계신 하느님을 만나도록 하느님 백성을 인도한다.

전례와 선포된 하느님 말씀에 기초한 강론은 우리가 하느님의 말씀을 지니고 성당을 나서도록 돕는다. 작가 다니엘 E. 해리스의 《우리는 주님의 말씀을 말한다 We Speak the Word of the Lord》에서는 좋은 강론의 조건이 다음과 같다고 이야기한다.

- ◆ 말씀을 선포하라.
- ◆ 신앙의 증인이 되라.
- ◆ 상상력을 풍부하게 하라.
- ◆ 희망적인 사람이 되어라.
- ◆ 사람들의 삶과 연결시켜라.
- ◆ 마음을 끌어당겨라.
- ◆ 하나의 중심 주제를 가져라.
- ◆ 명료하고 단순하게 말하라.

이 모든 것을 충족할 때 강론은 삶으로 들어온다. 우리의 이야기는 강론을 통해 광대한 구원 역사의 통로가 된다. 그 광대한 이야기가 강론을 통해 부분적으로 열리는 것이다. 강론은 외부와 단절된 상태에서는 완수되지 않는다. 강론자는 최근 사건들이나 그곳에 모인 신자들의 경험, 또는 그 해의 그 시기(전례력과 관련하여)와 관련된 주제를 선택해 이야기해야 한다. 즉 강론은 하느님의 말씀과 직접 관련이 있는 우리의 경험을 말하는 것이다. 오직 그럴 때에만 강론자는 신자들 안에 변화를 가져오리라 희망할 수 있다.

잭 데일리 신부가 삶을 바라보는 방식이나, 다른 이들을 대하는 태도를 본 사람이라면 그를 좋아하게 된다. 나 역시 잭 신부와 함께 있을 때 나도 모르게 생활 태도나 다른 이를 대하는 태도가 달라짐을 알게 되었다. 또한 항상 삶이 가능성으로 가득 찬 듯 보였다.

나는 그와 함께 고등학교에서 종교 과목을 가르쳤다. 이 시절에 경험했던 특별한 일 하나가 생각난다. 굉장히 독특한 성격을 지닌 한 학생이 있었는데, 나는 이 아이가 마음에 들지 않았다. 어느 날 내가 아이와 같이 있을 때 잭 신부가 방에 들어왔다. 나는 그가 나와 같이 이 방에서 나가 주길 바랐다. 잭 신부는 눈치가 빨라서 내가 아이를 좋아하지 않고, 여기서 얼른 벗어나고 싶어 한다는 것을 알아챘다. 그러나 그는 우선 아이에게 친절히 인사했다. 그 인사는 평소에 나에게 하듯이, 즉 좋아하고 친한 친구에게만 하는 그런 인사였다. 나는 잭 신부가 그 아이를 어떻게 그런 빛나는 눈빛으로 대할 수 있는지 이해할 수 없었다.

그들은 서로의 대화에 빠져들었다. 나는 이 광경을 바라보며 전에는 본 적이 없던 그 아이의 모습을 보게 되었다. 아이는 매우 호의적인 태도로 마음을 열었다. 분명히 잭 신부는 그에게서 무엇인가를 보았다. 그러나 나는 이를 보지 못했고, 그 아이가 지닌 본연의 모습을 끌어내지 못했다. 나 역시 그들의 대화에 금세 빠져들었고, 처음으로 그 아이의 다른 모습을 보게 됐다.

이 일이 있은 뒤 나는 그 아이를 예전처럼 보지 않았다. 잭 신부의 눈으로 바라보게 됐기 때문이다. 나는 이러한 잭 신부의 행동이야말로 살아 있는 강론이라고 생각한다. 그는 예수님께서 인간을 바라보시는 것처럼 다른 이들을 바라보라고 초대했던 것이다.

복음은 우리가 삶을 다르게 바라보도록 이끈다. 이것이 좋은 강론이다. 강론은 일부 정보를 전달해 주기도 하지만 그 외의 많은 부분은 변화에 관해 이야기한다. 우리는 훌륭한 강론을 통해 믿음을 실천할 수 있게 된다. 성경은 예수님께서 권위를 가지고 가르치셨다고 말한다. "그들은 그분의 가르침에 몹시 놀랐다. 그분의 말씀에 권위가 있었기 때문이다."(루카 4,32) 예수님께서는 사람들이 하느님의 법에 따라 행동할 수 있게 해 주셨다. 좋은 강론도 이와 같아야 한다.

강론을 들을 때 강론이 재미있기를 바라는 것이 아니라, 나 자신이 변화되기를 바라야 한다. 비록 강론의 내용이 충분하지 않게 느껴지더라도 말이다. 그리고 앞으로 복음이 나를 어떻게 변화시킬지에 대해 개인적으로 묵상해 볼 수 있다.

훌륭한 강론자는 현실을 바라보는 새로운 방법을 제시한다. 좋은 강론은 먼저 '나쁜 소식'을 제시하는데, 그 나쁜 소식이란 우리가 이루려고 노력하는 길에 있는 장애물에 관한 내용이다. 강론은 이 나쁜 소식 다음에 우리가 내재화할 수 있고 짊어지고 갈 수 있는 방법으로 예수 그리스도의 기쁜 소식을 전한다. 결국 성당 문을 나설 때 우리는 살아 있는 강론 자체가 되고, 나쁜 소식을 극복하는 기쁜 소식의 메시지가 되는 것이다.

교회의 역사는 살아 있는 강론으로 가득하다. 토마스 아 켐피스, 아시시의 프란치스코 성인, 마더 데레사 성녀……. 웃으며 거리를 걷고, 다른 이에게 손을 내밀고, 외로운 이를 포옹하며, 다른 이들을 위해 봉사하고, 사람들로 하여금 세상을 다른 시각으로 볼 수 있도록 만드는 사람들. 바로 이런 이들이 살아 있는 강론이다. 우리는 미사가 끝나고 세상으로 나아갈 때 이런 방법들로 복음을 전파하도록 부르심을 받았다. 사람들이 예수님의 기쁜 소식에 대해 깊이 생각해 보도록 그들을 초대하고, 다른 각도에서 삶을 볼 수 있게 하는 것이다.

살아 있는 강론 그 자체가 되기 위해서 위대한 웅변가가 돼야 하는 것은 아니다. 길거리에 나서야 하는 것도 아니고, 예수님의 기쁜 소식을 전하기 위해 사람들을 광장으로 모아야 하는 것도 아니다. 만일 우리가 삶에서 실망, 미움, 억압, 불의, 편견, 선입관, 탐욕, 거짓, 폭력과 같은 여타의 악들을 해결할 수 있는 대안을 제공한다면, 바로 이것이 나 자신을 살아 있는 강론으로 만드는 행위다.

강론의 효력을 평가하는 진정한 척도는 강론이 내게 좋은 느낌을 주었는가가 아니다. 바로 성당을 떠나 가정이나 학교로 돌아갔을 때 강론을 실천으로 옮길 수 있느냐 하는 데에 달렸다. 엠마오로 가는 제자들이 "길에서 우리에게 말씀하실 때나 성경을 풀이해 주실 때 속에서 우리 마음이 타오르지 않았던가!"(루카 24,32)라고 말했던 것처럼, 우리는 새로운 방향을 제공하는 말씀으로 자극을 받는다. 이 말씀은 실망과 죽음에 대한 대안으로서, 희망과 새 생명을 제안한다.

공동체와 구성원들은 나이와 환경 등 여러 가지로 다른 점이 많다. 그런 그들에게 공통적으로 할 수 있는 강론은 성경의 보편적 진리와 교회의 역사와 전통에 중심을 둔 강론이다. 이러한 진리들은 강론에 이어 우리가 신앙을 고백할 때 두려움 없이 용감하게 선포된다. 그러므로 사도신경(또는 니케아-콘스탄티노플 신경)을 읊으면서 현실에 대한 삶의 방식을 선포하는 것이다. 이처럼 삶을 바라보는 변화된 태도는 독서와 복음으로 선포된 하느님의 말씀과 강론으로 이루어진다.

---- 오늘부터 ----

미사 강론의 의미를 되새기며 실천해 보자.

❖ 변화된 태도로 세상을 다르게 바라보자.
❖ 성당을 나서서 어디를 가든지 믿음을 지니자.
❖ 믿음을 실천함으로써 나 자신이 살아 있는 강론이 되게 하자.
❖ 하느님의 현존이 주는 의미와 이것이 내 삶에 주는 의미를 함께 묵상하자.
❖ 믿음과 실천을 따로 떼어 내어 생각지 말고, 믿음을 실천하자.
❖ 더 깊은 신앙을 가진 사람이 되도록 스스로를 북돋우자.
❖ 자신의 생활 방식에서 예수님의 기쁜 소식을 받아들이도록 하자.

†

전례주년의 흐름을 통하여 거룩한 기록에 따라 신앙의 신비들과 그리스도인 생활의 규범들을 해설하는 강론은 전례 자체의 한 부분으로서 크게 권장된다. 더더군다나 주일과 의무 축일에 백성과 함께 거행하는 미사에서는 중대한 이유 없이 강론이 생략되어서는 안 된다.

거룩한 전례에 관한 헌장 〈거룩한 공의회〉 52항

06

저의 주님, 저의 하느님!

신앙 고백

카베앗 엠토르Caveat emptor. 즉 '매수인 위험 부담 원칙'*을 알기 위해 라틴어를 공부할 필요는 없다. 이 말은 "매수인은 알고 있어야 한다."라는 뜻이다. 상품이나 서비스에 돈을 투자할 때, 매도인을 신뢰할 수 있는지 알 필요가 있다는 것이다.

신혼 때의 일이다. 나와 아내는 새 차를 사려고 했지만, 차를 사는 과정에 대해서는 잘 알지 못했다. 그래서 자동차 매매 중개소로 가서 한 판매원에게 차 구입을 원한다고 말했다. 우리는 보기에 나이도 좀 있고 세련되어 보이는 그 판매원을 믿었다. 그런데 알고 보니 그는 우리를 이용해 꽤나 이득을 보았다. 이 계약으로 그의 은퇴 시기가 몇 달 당겨지고,

---

* 구매 물품의 하자 유무에 대해서는 매수인이 확인할 책임이 있다는 원칙이다. ― 역자 주

반대로 우리의 은퇴가 몇 년 늦춰진 셈이 되었다! 그러나 나는 그 이후에도 그 자동차 매매 중개소에 들르곤 했다. 판매원과 계속 만나면서 신뢰를 쌓는 데 노력을 기울였고, 신뢰 속에서 흥정을 할 수 있게 됐다. 누군가에게 배반당했다고 느낄 때, 그 사람을 더는 신뢰하지 않을 거라고 결심할 수도 있다. 그러나 오히려 그런 상황에서 마음을 열어 신뢰를 쌓을 수 있는 지혜를 구한다면 새로운 관계를 맺을 수도 있다.

우리는 확신을 품고 성당을 나선다. 이는 하느님을 신뢰하며 나아감을 의미한다. 하느님께서 먼저 나를 신뢰하시어 당신 아드님이신 예수님의 제자로 받아 주셨기 때문이다. 우리는 인간의 이해 수준을 초월하시는 하느님 앞에 그분에 대한 이해를 부족하게나마 표현할 수 있게 해 주는 단어를 지니고 나아간다. 또한 지금까지 내게 계시되어 왔던 하느님 모습을 떠올리며 주님 앞에 나아가게 된다. 그렇다면 어떻게 이 수준에 이르게 될까? 그것은 바로 우리의 신앙 고백, 즉 신경을 통해서다. 신경은 성부, 성자, 성령이신 하느님에 대한 신앙을 표현하는 것이며, 이 신경으로서 신앙을 형성하게 된다.

"나를 신뢰하라." 이 짧은 두 마디는 사실 매우 두려운 말일 수도 있다. 누군가 내게 자신을 신뢰하느냐고 물을 때, 이는 자신과의 관계에 나를 초대하는 것이다. 누군가에게 신뢰를 둔다는 것은 내가 가야 하는 길을 그 사람이 인도하게끔 한다는 것이다. 또한 누군가를 신뢰한다는 것은 나의 뜻을 굽힐 수 있다는 의미이기도 하다. 가끔 내가 전혀 알지 못하는 분야의 일, 예를 들면 뇌 수술이나 자동차 수리 같은 일을 대할 때에는 소위 '이 분야의 전문가'라는 사람을 믿을 수밖에 없다. 우리는 어릴 때부터 다른 이를 신뢰하는 방법을 배운다. 누군가가 좋고 친절한 사람이라고 느낄 때, 그에게 호감을 갖게 된다. 또한 어떤 물건이나 장난감이 안전하다고 믿으면 쉽게 구입한다.

우리가 "한 분이신 하느님을 믿나이다."라고 할 때, 이는 하느님을 신뢰한다는 뜻이다. 그래서 미사 중에 신경을 바치는 것은 하나의 관계를 선포하는 것이다. 우리는 신경을 찬성을 표시하거나 충성을 선서하는 맹세처럼 생각하기도 한다. 그러나 만일 "믿나이다."라는 말 대신 "신뢰하나이다."라는 말을 대입해 본다면, 신앙 고백에서 신경이 갖는 의미를 조금은 다르게 이해할 수 있을 것이다.

† 한 분이신 하느님을

◎ 저는 믿나이다(신뢰하나이다).

전능하신 아버지,

하늘과 땅과 유형무형한 만물의 창조주를 믿나이다(신뢰하나이다).

또한 한 분이신 주 예수 그리스도, 하느님의 외아들

영원으로부터 성부에게서 나신 분을 믿나이다(신뢰하나이다).

하느님에게서 나신 하느님, 빛에서 나신 빛

참하느님에게서 나신 참하느님으로서, 창조되지 않고 나시어

성부와 한 본체로서 만물을 창조하셨음을 믿나이다(신뢰하나이다).

성자께서는 저희 인간을 위하여, 저희 구원을 위하여

하늘에서 내려오셨음을 믿나이다(신뢰하나이다).

또한 성령으로 인하여 동정 마리아에게서 육신을 취하시어

사람이 되셨음을 믿나이다(신뢰하나이다).

본시오 빌라도 통치 아래서 저희를 위하여

십자가에 못 박혀 수난하고 묻히셨으며

성서 말씀대로 사흗날에 부활하시어

하늘에 올라 성부 오른편에 앉아 계심을 믿나이다(신뢰하나이다).

그분께서는 산 이와 죽은 이를 심판하러 영광 속에 다시 오시리니

그분의 나라는 끝이 없으리이다.

또한 주님이시며 생명을 주시는 성령을 믿나이다(신뢰하나이다).

성령께서는 성부와 성자에게서 발하시고

성부와 성자와 더불어 영광과 흠숭을 받으시며

예언자들을 통하여 말씀하셨나이다.

하나이고 거룩하고 보편되며

사도로부터 이어 오는 교회를 믿나이다(신뢰하나이다).

죄를 씻는 유일한 세례를 믿으며

죽은 이들의 부활과 내세의 삶을 기다리나이다.

아멘.

우리는 왜 하느님을 신뢰할까? 하느님께서 조건 없는 사랑을 베푸시어 먼저 당신의 신뢰를 보여 주셨기 때문이다. 지금 하느님께서는 우리가 화답하기를 바라신다. 우리 가운데 어느 누구도 하느님의 신뢰에 충분히 부응했다고 말할 수 없을 것이다. 그럼에도 하느님께서는 인간을 결코 저버리지 않으신다. 독서와 복음, 그리고 강론은 하느님의 지칠 줄 모르는 사랑과 과거에서 현재까지 이어지는 그분의 구원 행위를 상기시켜 준다. 우리는 하느님을 신뢰하기에 믿음으로 무장하고 미래를 향해 나아가고, 이런 신뢰 덕분에 두려움 없이 살게 된다. 성경에서 가장 자주 반복되는 구절이 있다. 바로 "무서워하지 마라.", "두려워하지 마라."이다. 사실 우리는 많은 것을 두려워한다. 세상이 굉장히 위험하다며 이런 두려움을 정당화한다. 그러나 실은 '하느님께서 나를 충분히 사랑하시는 것일까?' 하는 아주 큰 두려움을 갖고 있다. 하느님의 은총에 부족함이 없다는 것을 신뢰하지 않기에 신뢰할 다른 무언가를 찾곤 한다. 하지만 그런 것들은 우리를 만족시킬 수 없고 늘 실망만을 안겨 줄 뿐이다. 하느님께서는 그런 인간에게 당신을 신뢰하라고 부르신다. 하느님께서는 성경의 시작부터 마지막까지 당신 백성에게 다가오신다. 그리고 당신을 신뢰함으로써 두려움을 극복하라고 초대하신다. 다음이 그런 예다.

이런 일들이 있은 뒤, 주님의 말씀이 환시 중에 아브람에게 내렸다. "아브람아, 두려워하지 마라. 나는 너의 방패다. 너는 매우 큰 상을 받을 것이다."(창세 15,1)

그러자 하느님께서 말씀하셨다. "나는 하느님, 네 아버지의 하느님이다. 이집트로 내려가는 것을 두려워하지 마라. 내가 그곳에서 너를 큰 민족으로 만들어 주겠다."(창세 46,3)

나 너와 함께 있으니 두려워하지 마라. 내가 너의 하느님이니 겁내지 마라. 내가 너의 힘을 북돋우고 너를 도와주리라. 내 의로운 오른팔로 너를 붙들어 주리라.(이사 41,10)

그때에 예수님께서 그들에게 말씀하셨다. "두려워하지 마라. 가서 내 형제들에게 갈릴래아로 가라고 전하여라. 그들은 거기에서 나를 보게 될 것이다."(마태 28,10)

예수님께서는 그들이 말하는 것을 곁에서 들으시고 회당장에게 말씀하셨다. "두려워하지 말고 믿기만 하여라."(마르 5,36)

천사가 다시 마리아에게 말하였다. "두려워하지 마라, 마리아야. 너는 하느님의 총애를 받았다."(루카 1,30)

예수님께서는 그들에게 말씀하셨다. "나다. 두려워하지 마라."(요한 6,20)

어느 날 밤 주님께서는 환시 속에서 바오로에게 이르셨다. "두려워하지 마라. 잠자코 있지 말고 계속 말하여라."(사도 18,9)

나는 그분을 뵙고, 죽은 사람처럼 그분 발 앞에 엎드렸습니다. 그러자 그분께서 나에게 오른손을 얹고 말씀하셨습니다. "두려워하지 마라. 나는 처음이며 마지막이고"(묵시 1,17)

하느님께서는 인간을 신뢰하시기에 계약을 맺는 것도 마다하지 않으셨다. 그리고 인간이 계약의 목적에 항상 충실하지 않았음에도 이를 취소하지 않으셨다. 앙갚음을 하시기보다, 화해하고 신뢰를 회복하는 길을 모색하신 것이다. 예수님께서는 당신의 십자가 수난 때나 가장 가깝게 지냈던 제자들이 당신을 버렸을 때조차도, "평화가 너희와 함께!"(요한 20,19)라는 말로 응답하셨다. 그러나 토마스 사도는 오늘날의 우리처럼 좋은 무언가가 그토록 참혹한 데에서 올 수 있다는 사실을 믿을 수가 없었던 것 같다. 부활을 믿지 않았던 토마스 사도는 예수님께서 나타나 부활하신 당신을 믿을 수 있도록 말씀하시자 이 같은 신앙 고백으로 응답했다.

"저의 주님, 저의 하느님!"(요한 20,28)

인간이 죄를 지닌 존재임에도 불구하고, 예수님께서는 화해를 청하신다(참회 예식 참조). 그리고 우리 역시 토마스 사도처럼 신앙 고백을 통해 하느님의 용서에 응답한다. 신경으로 신앙을 고백하면서 의심과 두려움을 한쪽으로 제쳐 놓는다. 그런 다음 인간을 창조하고 사랑해 주시는 하느님과, 수난과 죽음, 부활을 통해 구원하시는 예수님, 생명을 주시고 어떻게 믿어야 하는지를 가르쳐 주시는 성령과의 신뢰를 선언한다. 또한 우리가 지상에서 하느님의 백성이자 그리스도의 몸인 교회와 맺고 있는 신뢰도 확언하게 된다.

"하느님께서 우리 편이신데 누가 우리를 대적하겠습니까?"(로마 8,31) 우리는 누구를 두려워해야 할까?

10대 때, 나는 불량 학생이 되어 보려고 했으나 실패했다. 나 역시 여느 10대들처럼 나 자신의 정체성을 찾으려고 안간힘을 썼다. 중·고등학교 시절에는 멋져 보이고 싶어서 머리를 길게 길렀고, 날라리처럼 옷을 입었다. 당시에는 반항적인 친구들이 멋져 보였다. 그래서 그런 친구들과 시간을 보내며 멋지다고 생각되는 일들을 했다. 이제 와서 생각해 보면 어리석기 짝이 없다. 나는 그때 나답지 않은 일들을 했다. 내가 누구인지 알지 못했기 때문이다. 사춘기 때 내 정체성과 삶의 의미를 이해하려고 힘들고 어려운 시기를 보냈다. 내가 믿는 것이 무엇이며, 하느님께서 나를 어떠한 사람이 되라고 부르셨는지를 깨닫고 행동하기 시작한 것은 그로부터 몇 년이 지난 다음이었다. 내가 누구이며 무엇을 믿는지 모를 때, 어떻게 행동해야 하는지 아는 것은 매우 어렵다.

10대 청소년들을 관찰하는 일은 재미있을 수도 있지만 매우 고통스러울 수도 있다. 청소년들은 몸과 정신이 자라고 있는 시기라 자신의 정체성을 찾고자 몸부림을 친다. 그들은 자신이 누구인지, 어떤 사람이 되길 바라는지를 알아 가는 데서 오는 혼돈 때문에 가끔 변덕스럽기도 하다. 또한 많은 10대들은 확신을 가지고 침착하게 행동할 만큼 자신을 충분히 신뢰하지 않는다. 정체성에 대한 확신 없이 일관된 태도로 행동하기란 어렵다. 따라서 우리 모두는 정체성에 대한 확신이 필요한데, 이러한 정체성을 갖기 위해서는 내가 무엇을 믿는지부터 알아야 한다.

신경은 신앙인의 정체성을 표현하는 기도다. 우리는 신경으로서 세례를 받았다. 유아 세례 때는 부모와 대부모가 아이를 대신해서 이 정체성을 받아들인다. 그때 그들은 신경에서 얻은 세례 서약에 "믿습니다."라고 응답한다. 새로운 정체성을 상징하기 위해 우리는 세례 옷을 받는다. 이때 입는 옷은 나의 신분을 드러낸다. 성인이 입교 성사로 교회에 입교할 때는 성사가 거행되기 전에 신경을 선물로 받는다. 이때의 신경은 세례받은 사람들의 새로운 정체성을 상징한다. 이 선물이 주는 메시지는 확실하다. 예수님의 제자가 되기를 원한다면 그분을 신뢰해야 한다는 것이다. 이는 바로 내가 누구를 믿는지, 왜 믿는지를 아는 것을 뜻한다. 이로써 그분을 향한 확고한 믿음을 지니고 한결같은 태도로 살아가게 된다.

그러나 믿음을 갖고 한결같은 태도로 산다는 것과 절대적인 확신을 갖는 것을 혼돈해서는 안 된다. 요한 복음서(20,24-29 참조)에서 토마스 사도는 예수님의 부활을 의심했다. 불행하게도 토마스 사도는 의심 때문에 수 세기 동안 부당하게 비난을 받아 왔다. 사실 그의 반응은 의심과 믿음이 서로 분리될 수 없음을 분명히 보여 준 것이다. 오히려 의심이 없다면, 믿음은 윤리적 오만으로 바뀔 수 있다. 레바논 출신의 미국 시인이며 철학자이자 예술가인 칼릴 지브란은 "의심은 너무 외로워서 믿음이 그의 쌍둥이 형제라는 것을 알지 못하는 고통이다."라고 했다.

마르코 복음서 9장에는 예수님께서 마귀 들린 소년과 그의 아버지를 만난 이야기가 나온다. 이 부분에서 의심과 믿음이 서로 연결되어 있음을 알 수 있다. 소년의 아버지가 "이제 하실 수 있으면 저희를 …… 도와주십시오."(마르 9,22)라고 청하자, 예수님께서는 이렇게 말씀하신다. "'하실 수 있으면'이 무슨 말이냐? 믿는 이에게는 모든 것이 가능하다."(마르 9,23) 이에 소년의 아버지는 "저는 믿습니다. 믿음이 없는 저를 도와주십시오."(마르 9,24)라고 대답한다. 그러자 예수님께서는 마귀를 쫓아내시어 그를 의심에서 믿음으로 옮아가게 하신다. 믿음을 갖는다는 것은 무엇인가를 확신하는 것이고, 동시에 희망하게 됨을 뜻한다. 믿음이 성장하게 될 때, 좀 더 확신하게 되는 것이 아니라 좀 더 신뢰하게 되는 것이다. 성부, 성자, 성령이신 하느님께 대한 신뢰는 우리를 의심의 순간에서 나오게 하여 날마다 예수님의 제자로 살도록 도와준다.

그러기에 하느님께서 우리의 아버지시며 만물의 창조주시라는 사실을 믿을 때, 모든 만물을 귀하게 여기며 형제자매로 살아갈 수 있게 된다. 그렇게 되면 우주 만물 창조주의 자녀로서 창조주의 모상대로 만들어진 인간이 한 가족임을 생각하며 매일 아침을 시작하게 될 것이다. 우리는 이렇게 하느님의 계속되는 창조 사업에 동참하게 된다.

하느님의 아드님이신 예수님께서 우리 가운데 사람이 되셨음을 믿을 때, 그분께서 사람의 모습을 취하셨음을 알게 된다. 그리고 나와 타인의 존엄성을 존중하며 살 수 있다. 예수님께서 고통을 받고 돌아가셨지만 죽은 이들 가운데서 부활하셨음을 믿을 때, 죽음조차도 하느님의 사랑에서 우리를 떼어 놓을 수 없음을 알게 된다. 그리고 이를 확신하며 살아가게 될 것이다. 또한 예수님께서 다시 오시리라는 것을 믿을 때 진실로 미래가 있음을 깨닫고 희망을 품게 된다.

또한 성령께서 주님이심을 믿을 때, 우리는 혼자가 아니다. 부활하신 그리스도의 영께서 나와 함께 계심을 알게 되면 두려움 없이 살 수 있다. 그리고 교회가 '하나이며 거룩하고 보편되며 사도로부터 이어 온다는 것'을 믿을 때, 일치를 추구하고, 하느님의 뜻을 찾으며, 다양성을 포용하고, 예수님과 함께 걸었던 이들에게서 전해 받은 사명을 수행하는 백성으로 살아가게 된다.

영원한 생명을 믿을 때, 하느님께서 인간이 영원토록 주님과 함께 살게 해 주시도록 계획하셨음을 알게 된다. 그리고 아무런 걱정 없이 기대를 갖고 살 수 있다. 위의 모든 것에 응답하는 방법은 오직 하나이다. 바로 "아멘!"이다.

오늘부터

신경의 의미를 되새기며 일상생활에서 실천해 보자.

- ❖ 성부, 성자, 성령이신 하느님을 온전히 신뢰하자.
- ❖ 신뢰와 확신과 용기를 지니고 살자.
- ❖ 두려움 없이 살도록 노력하고, 다른 이들이 두려움을 떨쳐 버릴 수 있도록 돕자.
- ❖ 믿음에 따라 행동하고, 하느님의 제자라는 신분에 맞게 살자.
- ❖ 내가 믿는 하느님과 교회에 대한 관계를 분명하게 표현해 주는 용어들을 알고 이해하자.
- ❖ 하느님의 모든 창조물을 존중하자.
- ❖ 사람들 안에서 예수님의 모습을 발견하자.
- ❖ 나의 정체성을 생각하며 이에 맞게 행동하자.

❖ 날마다 그리스도인다운 삶을 살자.

영원한 생명은 참하느님을 알고

하느님께서 보내신 예수 그리스도를 아는 것입니다.

이것이 그리스도인들의 신앙입니다.

《어른 입교 예식》 중에서

07

세상 모든 것을 위한 기도

보편 지향 기도

　나는 사제 생활 초기에 소신학교 교사로 일하며, 근처의 여러 수녀원에서 날마다 미사를 봉헌했다. 그때 미사에 참석한 모든 수녀님이 보편 지향 기도 시간에 자신들만의 기도를 바칠 수 있도록 기회를 주곤 했다. 수녀원에서는 늘 비슷한 기도를 바치곤 했고, 이를 들으며 그 수도 공동체의 문제와 고민을 자연스럽게 알게 되었다.

　그러던 어느 날, 최근에 세상을 떠난 영혼과 종신 서원 기념일을 맞이한 수녀님을 기억하고 보편 지향 기도를 바치려 할 때였다. 한 수녀님이 느닷없이 다른 수녀님을 지목하며 청원 기도를 바쳤다. 다른 이들에 대한 험담을 그만두고 모든 이가 자신의 십자가를 질 수 있도록 해 달라는 기도였다. 목소리에는 불만이 느껴졌다. 그때 자신이 공격당했다고 느낀 수녀님은 수도 서원을 한 모든 수도자들에게 그리스도의 사랑이 더해지게 해 달라고 자기방어적인 기도를 바쳤다. 그러자 다른 수녀님들도 대담해져서 서로의 태도에 대한 불만을 쏟아 놓았다. 그리고 드디어 수도원에서 가장 나이 많은 수녀님이 기도드릴 차례가 되었다. 그분은 위엄 있는 목소리로, 모두가 잘 지내게 해 달라고 기도했다. 그 청원이 가장 절실하고 진실했던 것인지 모두가 침묵했고, 나는 보편 지향 기도의 마침 기도를 바칠 수 있었다. 좋든 나쁘든, 보편 지향 기도는 하느님 앞에서 이웃을 사랑하는 데 필요한 은총을 필사적으로 간구하는 우리의 진실한 모습을 드러내 준다.

우리는 마치 삶이 전적으로 기도에 달린 것처럼, 미사를 통해 기도해야 한다는 점을 분명하게 의식하고 파견되어야 한다. 사실 삶은 기도에 달려 있다. 우리는 다른 이들의 필요와 교회와 세상의 필요에 대해 새롭게 관심을 가지고 성전을 떠나야 한다. 삶이 완성되지 않았으나, 오직 하느님을 믿음으로써 삶이 충만해질 수 있다는 것을 알고 떠나야 하는 것이다. 그리고 하느님께서 고통과 고난이 있는 현실을 극복하는 데 필요한 은총을 베풀어 주실 것이라는 확신으로 세상에 나가야 한다. 어떻게 이렇게 될 수 있을까? 바로 다른 이를 대신하여 바치는 보편 지향 기도를 통해서다. 우리는 이 기도로서 필요한 것을 발견하고, 기도가 응답받을 것이라는 사실을 알고, 하느님께 다가가는 방법을 배우게 된다.

그렇다면 전례에서뿐만 아니라 삶 속에서 기도란 무엇이고 어떤 역할을 해야 할까? 우리는 이에 대해 초대 교회에서 암시한 몇 가지를 발견할 수 있다. 첫 번째로 초대 그리스도인들이 기도의 힘을 굳게 믿었다는 사실을 사도행전에서 알 수 있다. "그들은 사도들의 가르침을 받고 친교를 이루며 빵을 떼어 나누고 기도하는 일에 전념하였다."(사도 2,42) 바오로 사도는 테살로니카 신자들에게 보낸 편지에 "끊임없이 기도하십시오."(1테살 5,17)라고 써 보냈다. 공동체의 필요와 세상의 필요를 위해 기도하는 것은 초대 교회 성찬례의 중요한 부분이었다. 믿는 이들은 식탁에 모여 예수님의 말씀에 귀를 기울였고, 그분께서 공생활 동안 설파하신 말씀들을 들었다. 그들은 바오로 사도와 다른 사도들의 편지를 읽으며 믿음의 생활을 살아야겠다는 자극을 받았다. 그리고 병자들, 순교자들, 박해로 고통받는 이들, 걱정거리가 있는 이들과 함께 성찬례를 나누고 그들의 이름을 높이 들어 올렸다.

그러나 신자들의 기도로도 불리는 보편 지향 기도는 역사의 중간 어딘가에서 원래의 자리를 잃어버렸다. 세기를 거듭하는 동안, 미사에서 일반 신자들이 하는 역할은 점차 수동적이 되었고, 사제가 일반 신자를 대신해서 기도를 바치게 되었다. 다행히 1960년대 제2차 바티칸 공의회로 인해 전례 거행에서 모든 신자들의 "완전하고 능동적인 참여"(《전례헌장》14항)에 관심이 다시 모아졌다. 이를 이루는 방법 가운데 하나가 전례에 신자들의 기도를 다시 넣는 것이었다. 오늘날《가톨릭 교회 교리서》는 그리스도를 따르는 사람들에게 기도는 선택 사항이 아니라고 가르친다. 즉 "기도와 그리스도인의 생활은 분리될 수 없다."(《가톨릭 교회 교리서》2745항)라는 것이다. 사실 기도는 신앙 고백, 성사, 윤리 생활과 함께 가톨릭 신앙의 기둥 네 개 가운데 하나이다. 보편 지향 기도는 미사 중에 있어야 할 바로 그때에 존재한다. 하느님의 말씀에 영감을 받게 되면 생활에도 영향을 미치게 된다. 그리고 성부, 성자, 성령을 신뢰하며 하느님께 변화의 은총을 청하면서, 열망을 지니고 그분께 다가간다. 시작 예식과 말씀 전례는 하느님께서는 하느님이시고, 우리는 하느님이 아니라는 사실을 상기시켜 주었다. 우리는 나의 모든 것이 하느님께 달려 있다는 것을 깨달으면서 그분께 기도드린다. 만일 하느님의 은총이 없었다면 인간은 눈 한 번 깜빡일 수도 없고, 숨 한 번 쉴 수도 없을 것이다. 이 놀라운 은총에 감사하며 생명의 근원에 눈을 돌려 기도를 봉헌하는 것이다.

우리는 나 자신의 한계와 더불어 하느님께 근본적으로 속해 있다는 사실을 잘 알고 있다. 또한 나의 힘만으로는 복음을 전하는 일을 할 수 없다는 것을 알기에 기도해야만 한다. 우리는 신자들의 기도에서 일상적인 필요와 문제들을 나눈다. 이에 대한 응답은 공동체적이며, 예수님의 복음을 세상에 전하는 일에 혼자가 아니라는 사실을 상기시켜 준다. 우리는 인간을 사랑하시는 하느님께서 이러한 기도를 들어주시리라 마음을 다해 믿는다.

미사의 다른 부분과는 달리, 보편 지향 기도는 전례마다 바뀐다. 보통 보편 지향 기도는 기도서나 전례 참고서에서 발췌하지만, 본당 전례부나 봉사자가 작성하기도 한다. 그날 전례 독서나 전례 시기, 또는 거행되는 축일이나 신자들의 특별한 필요를 반영하는 것이 좋다. 또한 보편 지향 기도는 일반적으로 모든 이를 포함하는 것이어야 하며, 특수하게는 전례에 참석한 모든 이와 충분히 관련 있는 것이어야 한다. 보편 지향 기도에 대해 공동체가 큰 소리로 응답한다. "주님, 저희의 기도를 들어주소서." 또는 "주님, 사랑을 베풀어 주소서." 또는 "주님, 이 백성을 기억하소서."처럼 말이다.

"모든 기도는 하느님께 드리는 하나의 응답이다!" 감히 대꾸할 사람이 있으리라 생각할 수 없을 정도로, 지도 교수님은 단호하게 말했다. 그때 당시 나는 망설임 없이 손을 들고 말했다.

"교수님, 그런데 저는 모든 기도가 하느님께 드리는 응답이라는 말씀에 동의하지 않습니다. 청원 기도를 생각해 보십시오. 청원 기도를 할 때, 우리는 하느님께 응답하는 것이 아닙니다. 기도를 시작하는 것이지요. 즉 우리는 하느님과의 관계를 먼저 시도합니다. 하느님께서 우리에게 응답하시도록 먼저 기도를 하는 것입니다."

내가 이 말을 하자마자 교수님의 얼굴에 가벼운 웃음이 스쳐 지나갔다. 반 친구들은 가만있기를 잘했다는 표정을 짓고 있었다. 그제야 나는 망신당하기 직전이라는 것을 깨달았다.

교수님이 물었다. "왜 우리가 하느님께 먼저 청원하는 것이라고 생각하나?" 교수님은 이어서 말했다. "우리는 하느님께 나의 기도를 들어 달라고 청하지. 과거에 하느님께서 그토록 많이 특별한 방법으로 삶에 개입하셨다는 것을 우리가 보았기 때문일세. 꼭 내 삶에서가 아니라도, 다른 이들의 삶에서 하느님께서 개입하시는 것을 보았지. 이렇게 하느님께서 행하신 놀라운 일들을 보았기 때문에 하나 더 청하기 위해 그분께 다가가게 되고, 이로써 하느님께서 하신 일들에 응답하게 되는 것일세."

나는 그 이후로 지금까지 분명하게 증언할 수 있다. 모든 기도가 하느님께 응답하는 것이라는 사실을 한 치의 의심도 없이 믿는다!

그러면 우리는 보편 지향 기도 때 누구를 위해, 그리고 무엇을 위해 기도할까? 어떤 의미에서 볼 때에는 세상 모든 것을 위해 기도

한다. 하느님께서 하신 놀라운 일들과 우리 가운데 현존하시는 당신에 대한 선포를 들은 후, 내가 가진 모든 문제를 가지고 하느님께 나아가 응답한다. 동시에 전례에 순서가 있다고 확신한 바오로 사도의 권고처럼(1코린 14,26-40 참조), 청원을 순서에 따라 정렬한다. 사실, 기도 지향은 바로 그날 전례에서뿐만 아니라 주간 전체에 걸쳐서 누구를 위해, 무엇을 위해 기도하는지를 알려 주는 특별한 순서를 따른다. 주례 사제가 신자들이 기도를 바치도록 하면, 부제나 선창자, 또는 독서자나 신자들은 일반적으로 다음과 같은 순서와 형태로 지향을 바친다.

- **교회를 위하여:** 세례를 받은 교회의 구성원으로서, 교회의 사명과 교회의 지도자들을 위해 기도한다.
- **위정자와 세상 구원을 위하여:** 세상에 파견되는 명확한 목적을 알고 세상과 각 국가의 지도자들, 관심이 필요한 세상의 위기 상황들을 위해 기도한다.
- **여러 가지 어려움으로 고통받는 이들을 위하여:** 특별히 가난한 이들과 사회의 연약한 이들의 필요를 기억한다.
- **지역 공동체를 위하여:** 서로를 위하고, 가정, 본당, 단체, 이웃, 지역과 고장을 위해 기도한다. 특히 아픈 이들과 그들을 돌보는 사람들, 세상을

떠난 사람들과 유가족들을 위해 기도한다.

- ◆ **기타 다른 지향들을 위하여:** 많은 이들은 다른 이들이 모르는 특별한 문제를 가지고 성당에 온다. 그래서 소리를 내서, 또는 침묵 중에 하느님께 그런 문제들을 내어 놓도록 한다.

그리고 사제는 모든 기도를 예수님을 통해 하느님께 기도드리며 보편 지향 기도를 마친다. 우리는 이제 삶을 하느님의 손, 즉 그분의 자비하심과 돌보심, 동정심에 맡겨 드렸다는 것을 의식하게 된다. 그리고 나와 함께하실 예수님과 깊은 일치에 들어갈 준비를 하면서 자리에 앉는다.

보편 지향 기도는 신자들의 필요를 청하며 변화를 불러오는 기도다. 그래서 미사가 끝나고 성당을 떠날 때 세례 소명에 맞게 살아가도록 영향을 미치는 특별한 방법의 기도이기도 하다. 또한 보편 지향 기도는 말씀 전례를 마무리하며, 성찬 전례에서 주님께 예물 봉헌을 준비할 때 제단 앞에서 바칠 기도에 대한 전조가 된다.

―― 오늘부터 ――

보편 지향 기도의 의미를 되새기며 일상에서 실천해 보자.

❖ 내가 하느님께 전적으로 속해 있음을 깨달으며 살자.
❖ 내가 하느님께 온전히 속해 있음을 자각하고 기도하자.
❖ 하느님께서 하신 놀라운 일들을 알고 끊임없는 은총을 청함으로써 이에 응답하자.
❖ 늘 세상의 필요와 지역 공동체의 필요에 관심을 갖고, 동정심과 책임감을 갖자.
❖ 아픈 이들과 그들을 돌보는 이들에게 관심을 보이자.
❖ 세상을 떠난 이들의 가족들을 위로하자.
❖ 나의 필요와 관심과 바람 모두를 하느님께 봉헌하자.
❖ 교회 사명에 따른 나의 합당한 역할을 적극적으로 받아들이자.

기도 없이 다른 이의 영혼을 구하는 것은 가장 어려운 일이자 불가능한 일입니다. 영혼을 구하기 위해 이교도 사이에 갈 필요도, 생명을 포기할 필요도 없습니다. 광야로 들어갈 필요도 없고, 채식만 할 필요도 없습니다. 그런 것들이 무슨 가치가 있겠습니까. 하느님, 저를 도와주소서! 주님, 저를 도와주소서! 저에게 자비를 베푸소서! 이렇게 기도드리는 것보다 더 쉬운 것이 어디 있겠습니까? 만일 부지런히 행하기만 한다면, 이 한마디는 우리를 구원하기에 충분할 것입니다. 이를 부지런히 행한다면 말입니다.

알폰소 마리아 데 리구오리 성인, 《구원과 완덕의 가장 위대한 수단》

08

모든 이를 위해, 모든 것을 내어 주기

예물 준비

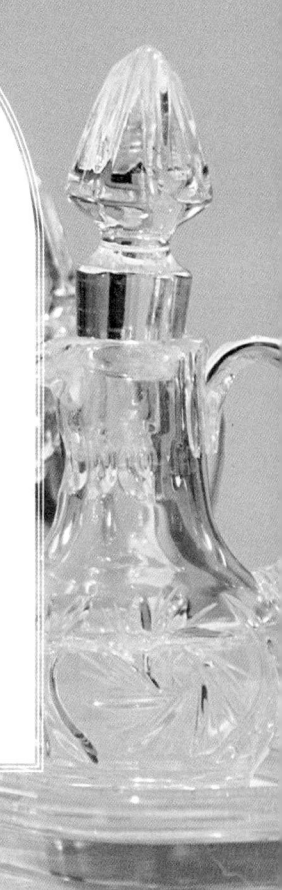

스스로를 '구식'이라고 말하는 한 미사 안내 봉사자가 파견 성가가 끝나기도 전에 성당 계단에 서 있는 내게 달려왔다. 그러고는 한 부인이 봉헌함에 5달러 지폐 한 장을 넣고 1달러 지폐 두 장을 꺼내 갔다며 목소리를 높였다. 그는 그 부인의 행동에 몹시 분개했는데 이러다 쓰러지지나 않을까 걱정될 정도였다. 그러면서 자신이 안내 봉사를 하는 동안 이런 일이 한 번도 없었다고 했다.

이런 상황에서 내가 무엇을 할 수 있을까? 나는 그냥 그의 관심에 감사를 표하고 내가 잘 해결하겠노라고 말하면서 만남의 방으로 안내했다. 커피 한 잔 하다 보면 마음이 좀 누그러질 것이라고 생각하며 말이다. 숨을 고르기도 전에, 안내 봉사자가 말한 그 부인이 바로 내 눈앞에 나타났다.

부인은 흐느끼면서 자신의 이야기를 들려주었다. 자신은 죽음을 앞둔

여동생을 만나러 요양원으로 가는 길에 미사를 드리러 성당에 왔다고 했다. 그런데 봉헌함에 5달러 지폐를 넣었을 때 이것이 자신이 지닌 현금의 전부라는 것을 알아차렸다고 했다. 부인은 집으로 돌아갈 차비가 없음을 깨닫고, 손을 넣어 1달러 지폐 두 장을 꺼냈다. 이 모습을 본 안내 봉사자는 부인을 오해했던 것이다. 부인은 자신의 행동을 자책하며 혼란스러워했다. 내가 부인에게는 잘못이 없다며 달래고 있을 때, 그 안내 봉사자가 커피 한 잔을 가지고 다가왔다. 이런 것이 사목 활동의 기쁨이 아닐까!

미사가 끝난 뒤 주님을 사랑하고 섬기러 갈 때, 나를 위해 더없이 풍부하게 베푸시는 하느님의 은총을 느끼면서 너그러운 마음으로 떠난다. 나의 시간과 재능과 재물을 이웃과 나누고, 나아가 하느님과 나누고 싶은 열의에 차서 세상으로 돌아가는 것이다. 이때 하느님의 은총과 축복을 넘치게 받고 다른 이들에게 이를 나누어 주어야 한다는 소명을 새롭게 자각하게 된다. 어떻게 이런 자각에 이르게 될까? 우리는 예물을 드릴 준비를 하면서 생명을 상징하는 빵과 포도주를 하느님께 봉헌한다. 이런 봉헌을 통해 하느님께 속한 것을 그분께 돌려 드린다는 믿음을 표현하는 것이다.

시작 예식과 말씀 전례는 우리가 선물을 받는 입장임을 보여 주었다. 내게 귀하고 좋은 은총과 용서, 화해와 구원, 충만한 삶, 그리고 인간을 향한 사랑을 결코 멈추지 않으시는 하느님과의 친밀한 관계를 선물로 받는 것임을 확실히 드러낸다. 또한 이 선물을 받고 말로써 응답했다. 그러나 성찬 전례에 들어선 지금은 행동으로 응답해야 한다.

성찬 전례는 예물 준비라 불리는 짧은 예식으로 시작한다. 이 예식 동안 신자의 일원이 우리를 위해 예수님의 몸과 피가 될 빵과 포도주를 예물로 바친다. 초기 교회에서는 성찬례를 거행하기 위해 모일 때, 신자들이 빵과 포도주를 가져오는 전통이 있었다. 그러나 교회가 성장하자 이러한 전통을 유지하는 것이 불가능하게 되었다. 오늘날에는 빵과 포도주를 미리 마련해서 미사 때 내어 놓고, 사제가 제대에서 봉헌할 수 있게 한다.

성찬 전례의 또 다른 중요한 요소는 헌금이다. 안타깝게도 헌금을 본당 재정을 위한 수단으로만 인식하는 사람이 많다. 미사에 참석한 사람들 대부분이 헌금을 영적인 행위, 즉 헌금으로 주간 6일을 어떻게 살아가야 하는지 드러내는 행위라고 보지 않는다. 시작 예식과 말씀 전례를 그 본질에 맞게 진행해 왔다면 이제는 하느님께서 주시고 또 주신다는 사실을 의심 없이 믿어야 한다. 시작 예식과 말씀을 통해 하느님의 은총 없이는 아무것도 할 수 없다는 것을 알게 됐다.

조금 다른 의미가 더해지긴 하지만 재의 수요일에 재를 받는 것도 같은 의미다. 인간이 먼지에 지나지 않는다는 것을 상기하는 것이 존엄성에 대한 모독은 아니다. 오히려 먼지 같은 인간을 당신 모상으로 변화시키고, 창조에 동참하도록 초대하신 하느님을 모신다는 사실이 얼마나 행복한 존재인지를 되새기는 것이다. 이처럼 시작 예식과 말씀 전례도 우리가 이러한 사실을 기억하고 재능을 받은 것에 감사하는 마음으로 응답하도록 준비시킨다.

만일 전례가 자신이 지닌 의미를 직접 말할 수 있다고 상상해 본다면, 하느님의 은총만이 우리를 진실로 충만케 함을 알게 될 것이다. 영화 〈엑소시스트〉에서 구마 사제는 마귀 들린 소녀에게 반복해서 "그리스도의 힘이 너에게 명한다."라고 외친다. 영화보다 극적이지는 않지만, 전례도 이와 같은 메시지를 선포한다. 바로 내가 무엇인가를 행할 수 있도록 이끌어 주는 것은 오직 그리스도의 힘뿐이라는 사실이다. 이를 통해 바오로 사도가 하느님의 은총 이외에는 모든 것이 "쓰레기"(필리 3,8)라고 했던 이유를 깨닫게 된다. 내가 무언가를 행하게 하는 것이 그리스도의 힘이라는 깨달음으로서 행복의 원천이라 여겼던 돈, 권력, 재물 등을 내려놓을 수 있다. 나를 움직이는 것이 그리스도의 힘이라는 인식이 없다면, 무엇인가에게 쉽게 강요당하거나 소유하려는 우상의 먹잇감이 되고 만다.

우리는 신앙 고백을 통해 보이는 것과 보이지 않는 모든 것의 창조주이신 하느님을 향한 믿음과 신뢰를 선포했다. 내가 가진 모든 것이 하느님에게서 오는 선물이라는 믿음을 표현한 것이다. 하느님 선물의 관리인으로 살며, 모든 사람의 유익함을 위해 그 선물을 현명하게 사용해야 한다. 이것이 하느님을 향한 우리의 응답이 될 것이다. 관리인을 다르게 표현하자면 '청지기steward'라고 할 수 있다. 가톨릭 신자라면 나 자신과 내가 가진 모든 것이 하느님께 속해 있다고 인지한다. 또한 내가 하느님 창조물의 청지기로서 살아가도록 부르심받았다는 사실을 믿는다. 우리는 궁극적으로 그 어떤 것의 주인도 아니다. 오히려 하느님께 속한 것을 돌보는 임무를 맡았기에 스스로를 위해 비축할 수 있는 것은 아무것도 없다. 청지기는 가톨릭 신자들이 하느님께서 주신 선물을 책임 있게 돌보고, 각자의 시간과 재능, 재물을 자애롭게 나누도록 도와주는 역할을 한다.

청지기직은 성당의 어떤 프로그램도 아니고 돈과 관련된 일도 아니다. 이는 하나의 태도이자 생활 방식이다. 또한 청지기직은 나와 하느님, 그리고 나와 형제자매들 간의 관계를 돈독하게 해 준다. 삶에 나 자신보다 예수님을 중심에 둠으로써 말이다.

시작 예식에서 우리는 이미 자애심을 극복하도록 요청받은 바 있다. 예수님 역시 청지기셨다. 그분께서도 우리처럼 개인적인 안락과 물질의 소유, 권세를 좇으라는 유혹을 받으셨다. 그러나 당신 뜻이 아닌 아버지의 뜻을 삶의 중심으로 선택하셨으며, 자애롭게 당신 자신을 내어 놓으셨다. 가르침과 치유의 선물을 다른 이들과 나누셨으며, 다른 이를 위해 생명을 봉헌하시어 가장 이타적인 행동의 정점을 보여 주셨다. 우리는 예수님의 제자로서, 예수님께서 사신 것처럼 살려고 애써야 한다.

예수님을 따르는 사람으로서, 우리는 삶의 세 가지 영역에서 청지기가 되도록 부르심을 받았다. 바로 시간과 재능, 재물을 다른 이들과 나누는 것이다. 이 세 가지 영역을 생각해 볼 때, 수도자들의 수도 서원인 순명, 정결, 청빈이 청지기직의 궁극적 자세임을 알 수 있다. 모든 가톨릭 신자도 이 정신으로 살아야 한다.

시간 내어 놓기

우리는 "시간은 금이다."라는 격언을 잘 알고 있다. 시간의 가치를 금이라는 단어에 빗대어 표현한 것이다. 시간을 선물이라고 하는 것 역시 시간의 가치를 나타내는 표현이다. 그 누구도 지상에서 주어진 시간에 대해 자기가 주인이라고 주장할 수 없다. 또한 시간이라는 선물을 앞으로 얼마나 더 받을지 알 수 있는 사람도 없다.

그러므로 이렇게 중요한 시간을 나만을 위해서만 사용해서는 안 된다. 가끔 삶을 되돌아볼 때 시간을 어떻게 보냈는지를 평가하곤 한다. 특히 주어진 시간을 다른 이들의 필요에 관심을 기울이는 데 사용했는지 아닌지를 평가한다.

찰스 디킨스의 소설 《크리스마스 캐럴》에서 구두쇠 스크루지는 유령으로 나타난 예전 동업자 제이콥을 훌륭한 사업가라고 칭찬한다. 그러자 제이콥의 유령은 후회하며 이렇게 대답한다. "사업이라……! 인류가 나의 사업이었지! 공공복지가 내 사업이었고, 자선, 자비, 관용, 자비심이 모두 나의 사업이었어. 돈을 버는 사업은 내 인생 사업의 큰 바다에 비하면 하나의 물방울에 지나지 않았어!" 스크루지는 유령에게서 돈을 어떻게 써야 하는지와 같은 단순한 교훈뿐만 아니라 시간을 어떻게 보내야 하는지도 배웠을 것이다.

이런 맥락에서 볼 때 예수님을 더 가까이 따르라는 부르심이 내게 주어진 시간 대부분을 다른 이를 위해 봉사하며 살라는 요청이라고 볼 수 있다. 우리는 가정에서, 직장에서, 친구들, 본당 공동체, 세계 곳곳의 형제자매들과 함께 다른 이들을 위해 봉사를 하는 데 시간을 쓰라고 요청받는다. 이렇게 청지기직의 소명을 받았다는 데서 내 몸과 마음, 그리고 영혼의 휴식과 재창조를 위한 시간을 허락받았다는 확신을 가지게 된다. 창세기의 창조 이야기를 보면 하느님께서는 휴식을 중요하게 여기셨다. 하느님께서 안식일을 온전히 비워 놓으신 것은 재창조가 중요하다는 것을 알려 주는 것이다.

수도자는 교회 전통에 따라 순명 서약을 한다. 이 순명 서약은 수도원장이 "높이 뛰어라." 하고 말하면, 수도자가 "얼마나 높이요?"라고 응답하라는 의미가 아니다. 순명 서약은 수도자가 자신의 시간을 어떻게 보내야 하는지에 관한 서약이다. 수도자가 어떻게 시간을 보낼 것인지는 공동체의 필요에 따라 달라진다. 우리 역시 가정, 본당, 이웃, 직장 등 여러 공동체의 일원으로서 시간을 어떻게 보낼 것인지 결정을 내릴 때 공동체의 필요를 고려해야 한다. 우리는 세례를 받은 가톨릭 신자로서 서로에게 책임이 있다. 그러므로 주어진 시간을 나 자신의 필요를 위해서가 아니라 공동체의 필요를 위해서 사용해야 한다.

재능 내어 놓기

재능이 넘치는 사람을 두고 '천부적인 능력'을 가졌다고 말하곤 한다. 재능의 수준이 어떻든 모든 재능은 하늘로부터 받은 것이다. 하느님께서는 다른 이를 위해 사용할 수 있도록 각자에게 맞는 재능을 선물로 주셨다. 이러한 재능은 내가 가진 기술이나 관심사, 또는 개성을 통해 드러날 수 있다. 다른 이의 필요에 맞게 봉사하고 하느님께 영광을 드리기 위해 재능을 사용할 기회 자체가 하나의 선물이다. 우리는 직장과 가정 그리고 본당과 교회 밖에서 다른 이를 배려하는 봉사에서 이런 재능을 사용한다.

예수님께서는 탈렌트의 비유(마태 25,14-30 참조)에서 하느님께서 주신 탈렌트를 어떻게 사용해야 하는지 그 중요성을 가르쳐 주셨다. 이 이야기에서 동전 탈렌트는 재능talent을 뜻하는 말에 비유된다. 주인이 여행을 떠나기 전 종들을 불러 자신의 재산을 맡긴다. 첫 번째 종에게는 다섯 탈렌트를, 두 번째 종에게는 두 탈렌트를, 세 번째 종에게는 한 탈렌트를 맡겼다. 첫 번째 종과 두 번째 종은 자신들의 탈렌트를 다시 투자하여 두 배의 이익을 남겼으나, 세 번째 종은 탈렌트를 잃을까 두려워 땅에 묻어 두었다. 주인은 돌아와서 탈렌트를 투자하여 이익을 남긴 종들에게는 상을 주고 두려움으로 탈렌트를 숨겼던 종은 질책한다. 예수님께서는 이 비유를 통해 우리가 각자 지닌 재능을 묵혀 두지 말고 활용해야 한다고 가르치신다. 또한 예수님께서는 비유를 드시면서 "등불은 켜서 함지 속이 아니라 등경 위에 놓는다. 그렇게 하여 집 안에 있는 모든 사람을 비춘다. 이와 같이 너희의 빛이 사람들 앞을 비추어, 그들이 너희의 착한 행실을 보고 하늘에 계신 너희 아버지를 찬양하게 하여라."(마태 5,15-16)라고 말씀하셨다.

수도지는 정결 서원을 한다. 불행하게도 사람들은 정결이 온전히 성적인 주제와 관련이 있다고 생각한다. 그러나 정결은 다른 이에게 나 자신을 적절하게 나누어 주는 행위와 관련이 있다. 남녀 수도자에게 정결 서원은 자신이 받은 선물을 하느님의 모든 백성과 함께 적절히 나누기 위해 독신으로 남겠다고 서약하는 것이다. 독신자 역시 정결을 지켜야 한다. 결혼한 사람은 배우자와 함께 충실히 자신을 나누며, 가족을 비롯한 지역 공동체에도 자기 자신을 적당히 나눌 수 있도록 해야 한다. 각자 삶의 형태에 맞는 방법으로 나 자신을 다른 이와 적절히 나눌 때, 재능과 선물을 자유로이 더 큰 공동체와 함께 나눌 수 있게 된다.

우리 가족은 복권을 자주 샀다. 한번은 복권에 당첨된다면 당첨금으로 무엇을 할지에 대해서 이야기를 나눈 적이 있다. 대부분은 집을 새로 사거나, 여행을 떠나거나, 고가의 물건을 사겠다고 말했다. 그런데 내 동생 존은 달랐다. 존은 마치 다른 별에서 온 사람처럼 이렇게 말했다. "저는 자선가가 되어 돈을 모두 내어 줄 거예요."

하지만 존은 이미 자선가나 마찬가지였다. 큰돈을 내어 놓을 수는 없었지만, 언제나 자신이 가진 것을 너그럽게 내어 주었기 때문이다. 존은 지상에서 우리가 보낼 시간이 짧고, 지상에서 쌓아 놓은 것은 저 세상에서 아무 의미가 없다는 것을 아는 듯했다. 어린아이도 이러한데, 당신도 가진 것을 내어 놓아야 하지 않겠는가!

재물 내어 놓기

사회에서는 물질적 소유를 매우 중요하게 여긴다. 하느님께서 주신 재능과 하느님의 창조물을 이용해 사람이 만든 귀중한 것들을 즐기는 행위 자체가 잘못은 아니다. 그러나 이런 재물을 사용하는 데서 우리의 우선순위가 드러난다. 정의는 다른 이의 물질적 필요를 돌보는 것이다. 예수님의 제자로 살라는 소명은 다른 이에게 물질적으로 베푸는 정의를 우선순위에 두라고 말한다. 그리스도인은 가난한 사람을 돌보는 것을 최우선으로 여겨야 한다.

우리는 돈이 마치 원래부터 내 것이었던 양 생각하는 경향이 있다. 그러나 청지기의 입장에서 볼 때 돈을 벌 수 있었던 것은 하느님의 은총 덕분이다. 그리스도인 청지기는 다음과 같은 태도로 돈을 대해야 한다.

◆ 내가 얻는 모든 수입은 하느님의 것이다.

◆ 하느님께서는 나 자신과 가족에게 어느 정도의 재산이 필요하다는 사실을 아신다.

◆ 하느님에 대한 감사의 의미로 수입의 일부를 떼어 내놓아야 한다.

우리는 구약 성경에 나오는 십일조, 즉 수입의 10퍼센트를 헌금으로 내는 전통을 당시의 배경에서 이해할 필요가 있다. 이스라엘은 신정 국가였기에 십일조를 세금으로 생각하는 면이 있었다. 그래서 십일조는 나라의 재정을 충당하기 위한 의무적인 '봉헌'이었다. 이와는 달리 자선은 항상 자발적인 행위다. 신약 성경에서는 십일조처럼 일정한 수치가 아니라, 바오로 사도가 코린토 신자들에게 보낸 서간에 쓴 것처럼 오히려 내어 주는 태도 자체를 중요하게 여긴다.*

요점은 이렇습니다. 적게 뿌리는 이는 적게 거두어들이고 많이 뿌리는 이는 많이 거두어들입니다. 저마다 마음에 작정한 대로 해야지, 마지못해 하거나 억지로 해서는 안 됩니다. 하느님께서는 기쁘게 주는 이를 사랑하십니다. (2코린 9,6-7)

---

* 예수님께서는 "십일조도 소홀히 해서는 안 되지만, 바로 이런 것들(의로움과 사랑)을 실천해야 한다."(루카 11,42)라고 말씀하셨다. ― 역자 주

많은 가톨릭 신자들이 얼마나 많이 내어 주어야 적당한지를 알고 싶어 한다. 그 누구도 어느 정도가 적당하다고 정해 줄 수는 없다. 자신의 수입이 얼마고 현재 상황이 어떠한지를 고려해 스스로 그 몫을 정해야 한다. 2001년 미국의 인디펜던트 섹터Independent Sector의 연구 보고서에 따르면 미국인은 평균적으로 세금을 떼기 전, 수입의 3.2퍼센트를 자선을 위해 내어 놓는다. 수입의 몇 퍼센트를 내어 놓는 것은 돈이 남아돌아서가 아니다. 수입의 전부가 하느님의 선물이라는 생각에 감사하는 마음으로 내어 놓는 것이다. 감사와 찬미가 가득한 마음으로 내가 가진 최상의 것을 하느님께 드리는 행위는 예배 행위가 된다. 또한 이는 내 것을 내어 준다는 잘못된 생각에서 벗어나 겸손하게 해 준다. 청지기로 지낸다는 것이 내가 가진 것의 일정 부분을 포기한다는 의미는 아니다. 오히려 내가 축복받았으며 이미 그분께 속한 것의 일부를 하느님께 돌려드리고, 남는 것을 풍족하게 가질 수 있도록 축복받았다는 사실을 인식하는 것이다.

수도자는 청빈 서원을 한다. 이는 남루하게 돈 한 푼 없이 떠돈다는 의미가 아니다. 청빈은 재물에 거리를 두는 태도다. 수도 공동체에서 서원한 수도자는 하느님께서 자신을 풍성한 방법으로 축복하신다는 사실을 깨닫는다. 그러기에 재물을 사적으로 소유하지 않고 공동체와 함께 공유하겠다고 서약한다.

이처럼 모든 그리스도교인은 재화에 대한 집착에서 벗어나 하느님의 풍성한 은총을 인식하며 살아야 한다. 물적 재화가 무조건 나쁘다고 말하는 것이 아니다. 소유에 지나치게 집착하면 해가 될 수 있다는 이야기다. 재화에 대해 마음을 비울 때 진실로 하느님의 은총에만 의지하게 되고, 내가 가진 재화를 다른 이와 더 자유롭게 나눌 수 있기 때문이다.

소신학교 2학년 학생들에게 청빈, 정결, 순명 서원에 대해서 가르쳤을 때의 일이다. 학생들에게 이러한 생활에 관해 어떻게 생각하느냐고 묻자, 한 명이 손을 번쩍 들고 말했다. "노력이 너무 많이 필요한 생활 같습니다. 그렇게 사는 건 너무 어렵습니다. 차라리 결혼을 하겠어요!" 이 말을 듣고서 웃음이 터져 나오는 것을 참아야 했다. 수도 생활보다 결혼 생활이 '더 쉽다'고 생각하는 것은 결혼 생활과 신앙생활 전체에서 비롯되는 희생에 대한 무지다. 나는 그 학생에게 결혼을 하더라도 청빈과 정결, 순명을 실천하지 않는다면, 큰 문제에 당면할 것이라고 말해 주었다.

진실은 이렇다. 어떤 형태의 삶을 선택하든, 물질적 재화와 거리를 두어야 하느님과 이웃을 진실로 섬길 수 있고 다른 이와 적절하게 나눌 수도 있다. 그리고 내가 속한 공동체에 책임감을 가지고 머물 수 있다.

우리는 하느님의 청지기로서 시간과 재능과 재물을 내가 속한 공동체인 가정, 직장, 이웃, 본당, 마을, 도시 등과 나누어야 한다. 헌금 봉헌뿐만 아니라 빵과 포도주로 이루어진 봉헌은 하느님의 찬미와 영광을 위해, 우리의 선을 위해, 그리고 하느님 교회의 모든 이의 선을 위해 날마다 겪어야 하는 희생을 상징한다.

오늘부터

예물 준비의 의미를 되새기며 일상생활에서 실천해 보자.

- ❖ 나의 시간과 재능과 재물을 내가 속한 공동체인 가정, 직장, 이웃, 본당, 마을, 도시 등과 나누자.
- ❖ 청빈의 정신(재화와 거리 두기)으로 생활하자.
- ❖ 순명의 정신(책임감 있게 시간을 보내기)으로 생활하자.
- ❖ 정결의 정신(나의 재능을 알고 이 재능을 다른 이들과 나누기 위해 헌신하기)으로 생활하자.
- ❖ 하느님의 은총이 나를 채워 주고, 그분의 은총만이 나를 지탱하게 한다는 것을 깨닫자.
- ❖ 하느님 창조물을 잘 돌보는 청지기로 살자.
- ❖ 수입의 합당한 일부를 하느님께 돌려 드리기로 결심하고, 그 나머지는

나 자신과 가족을 위해 쓰이도록 해 주심에 감사드리자.

저마다 받은 은사에 따라, 하느님의 다양한 은총의 훌륭한 관리자로서 서로를 위하여 봉사하십시오.

1베드 4,10

09

나를 기억하여 이를 행하여라

감사 기도

40년 동안 사제 생활을 하면서 셀 수 없이 많은 미사를 봉헌했다. 수천 명이 참석한 미사를 봉헌한 적도 있고 혼자서 봉헌한 적도 있다. 미사를 드리며 기도에 깊이 잠긴 적도 많았고, 너무 지쳐서 기계적으로 봉헌한 적도 있다. 몇 번은 다른 생각을 하다 경본을 떠듬거리며 읽거나 빠뜨리기도 했고, 전례 중에 놀라운 신비가 일어나 깜짝 놀라 침묵에 잠긴 때도 있었다. 그렇게 수십 년 동안 미사를 드리며 감사하는 마음은 커져 갔다. 미사는 내 기도 생활의 주춧돌이자 정점이 되었다. 그리고 끊임없이 발견하게 되는 미사의 풍부한 의미로 인해 놀라워하며 변화되었다. 미사를 거행할 때뿐만 아니라, 여행 중에 신자로서 미사에 참례할 때도 즐거운 마음으로 기다렸다. 미사는 믿을 수 없을 만큼 커다란 특권이며 내가 사제로서 행하고 존재하는 모든 것의 중심이다. 그렇지만 동시에 나 자신이 아닌 '우리'가 중심이 되도록 노력한다. 미사에 참례하는 사람이 열 명이든 천 명이든 차이가 없는 공동체의 기도다.

  몇 년 전, 꼼짝없이 병원 침대에 누워서 지낸 적이 있었다. 그때 이런 생각이 들었다. 내가 만일 회복되지 못한다면 잃어버릴 것들 가운데 가장 중요한 부분이 미사를 드리지 못하는 일이라는 걸 깨달았다. 이제 나는 성찬 감사 기도를 드릴 때, 또 특별히 축성 기도를 드릴 때 예수님께서 의도하신 깊은 뜻을 생각한다. 그리고 이러한 축성 기도를 바칠 수 있는 축복을 생각한다. 그러면 어느새 마음이 놀라움과 겸손과 감사로 가득 차게 된다.

  우리는 감사 기도로서 하느님의 놀라운 업적을 기억하고, 예수님의 죽음과 부활을 기념한다. 그리고 하느님께서 지금 나와 함께하심을 믿고 파견된다.

  '미사가 변화한다'는 말은 가톨릭 신자를 몹시 놀라게 하는 말 중 하나다. 미사는 하나의 의식이며, 의식은 변하지 않는 속성으로 오래 지속되기 때문이다. 그러나 사실 미사는 시대를 거듭하며 수많은 변화를 거쳤다. 특히 1960년대 제2차 바티칸 공의회의 결과로 시행된 미사의 변화는 결코 작지 않았다. 이러한 역사적 배경을 모른다면 미사가 공의회의 결과로 변화하기 전, 약 2,000년 동안 변화 없이 유지되었다고 생각하기 쉽다. 물론 미사를 거행하는 방식 중 일부는 여러 세기에 걸쳐 바뀌었다. 하지만 미사의 핵심 부분은 항상 그대로 남아 있었다. 이러한 항구성은 특히 감사 기도에서 가장 잘 드러난다.

감사 기도가 여러 세기를 지나면서 어떻게 발전했는지를 세세히 이야기하자면 책 한 권 분량이 필요할 것이다. 그러나 여기서는 감사 기도의 핵심 부분에만 초점을 맞추려 한다. 감사 기도에는 변하지 않는 부분이 있는데, 특히 예수님께서 최후의 만찬에서 하신 말씀과 행동에 관한 부분이 그렇다. 그때 예수님께서는 우리가 거행할 성찬을 주셨을 뿐만 아니라 새로운 파스카 양인 당신 자신을 희생 제물로 내어 주셨다. 감사 기도에는 최후의 만찬에서 하신 예수님의 말씀에 덧붙여 교회를 위한 기도, 산 이와 죽은 이를 위한 전구, 교회 지도자들을 위한 기도 등이 항상 포함되어 왔다.

4세기부터 감사 기도를 비롯한 미사 전체가 로마 제국의 공통어인 라틴어로 바쳐졌다. 그러나 시간이 지나면서 예배 장소가 점점 커지고 사람들의 언어도 다양해졌다. 그런 상황에서 신자들은 주례 사제가 신자들을 등지고 라틴어로 바치는 기도의 대부분을 듣지도 이해하지도 못했다. 신자들의 역할은 점차 수동적으로 바뀌었고, 빵과 포도주를 축성하는 사제의 행동은 강조되었다. 그러다 보니 감사 기도를 부정적으로 생각하게 되는 현상도 발생하곤 했다.

예를 들면 중세 시대 신자들은 거양 성체에 맞추어 이 성당에서 저 성당으로 정신없이 다니곤 했다. 거양 성체는 감사 기도의 한 부분이다. 이때 사제는 신자들을 등지고 성체 축성을 하고 이어서 성혈을 축성한 다음, 머리 위로 성체와 성혈을 들어 올렸다. 신자들은 그 거룩한 순간을 알리는 종이 울리기를 기다렸다. 그리고 그 순간이 지나면, 다른 성당을 찾아 뛰어나가서 거룩한 순간을 다시 보려고 애썼다. 그들은 이 순간이야말로 빵과 포도주가 예수님의 몸과 피가 되는 순간이라 믿었다. 그러나 실은 자신들이 사제가 거행하는 그 거룩한 순간에 참여한다기보다 사제가 행하는 마술 행위의 증인이 되는 것처럼 여겼던 것이다. 마술사들이 마술을 할 때 외우는 '호쿠스 포쿠스hocus pocus'라는 주문은 사실 빵과 포도주를 축성할 때를 흉내 내는 것에 불과하다. 축성 때 사제는 손을 들어 성반과 성작 위에 십자를 한 번 그으며 빵과 포도주를 축복한 다음, 라틴어로 "혹 에스트 에님 코르푸스 메움Hoc est enim corpus meum(이는 내 몸이다)."이라고 기도한다. 라틴어를 모르고 사제가 조용히 읊조리는 말도 들을 수 없는 평범한 사람들에게는 이 말이 '호쿠스 포쿠스'처럼 들렸을 것이다.

평신도들의 수동적인 역할 때문에 사람들은 미사 때 개인 신심 기도를 바치다가, 가장 중요하다고 느끼는 축성의 순간에만 잠시 집중했다. 대부분은 "이는 내 몸이다."와 "이는 내 피다."라고 말하고 축성된 빵과 포도주를 들어 올리는 사제에 의해서만 축성의 순간이 이루어진다고 믿었다. 그리고 사제만이 축성할 수 있고, 축성의 시간은 사제가 완수해야 하는 어떤 것으로 보았다. 하지만 이러한 믿음은 "나를 기억하여 이를 행하여라."(루카 22,19)라는 예수님의 말씀을 제대로 이해하지 못한 것이다. "나를 기억하여 이를 행하여라." 하신 예수님의 말씀은 미사를 드리기 위해 모인 모든 사람에게 하신 말씀이다. 비록 사제가 감사 기도 경문을 큰 소리로 혼자 읽지만, 신자 모두와 함께 그들을 대신해서 감사 기도를 바치는 것이다. 즉, 사제는 전례에 참여한 신앙 공동체와 더불어 감사 기도를 공유한다.

   제2차 바티칸 공의회(1962~1965년)에서 가톨릭 교회 교부들은 이를 〈전례 헌장〉에 다음과 같이 표현하였다. "그러므로 교회는 그리스도 신자들이 이 신앙의 신비에 마치 국외자나 말 없는 구경꾼처럼 끼여 있지 않고, 예식과 기도를 통하여 이 신비를 잘 이해하고 거룩한 행위에 의식적으로 경건하게 능동적으로 참여하도록 깊은 관심과 배려를 기울인다. 신자들은 하느님 말씀으로 교육을 받고, 주님 몸의 식탁에서 기운을 차리고, 하느님께 감사하고, 사제의 손을 통해서만이 아니라 사제와 하나 되어 흠 없는 제물을 봉헌하면서 자기 자신을 봉헌하는 법을 배워야 한다."(거룩한 전례에 관한 헌장 〈거룩한 공의회〉 48항 참조)

감사 기도는 다른 유사한 요소들과 함께 다양한 양식으로 이루어졌다. 현재 미사에서 사용되는 감사 기도의 네 가지 양식은 다음과 같다.

- ◆ 제1양식은 트리엔트 공의회부터 바티칸 공의회까지 로마 예식에 허용된 유일한 감사 기도로, 로마 경본이라 불리기도 한다. 또한 제1양식이 4세기에 암브로시오 성인이 쓴 감사 기도에서 영감을 얻긴 했지만, 최근 구조는 비오 5세 성인 교황의 미사(1570년)에서 그 흔적을 발견할 수 있다. 이 감사 기도는 이스라엘 백성들에게서 시작되어 하느님과의 일치를 이루기 위해 도움을 청하는 사도들과 성인들, 그리고 순교자들을 통해 이어져 온 구원 역사를 상기시켜 준다.

- ◆ 제2양식은 제2차 바티칸 공의회 후에 새롭게 구성되었으나, 실제로 그 기원은 3세기에 로마의 히폴리토 성인이 쓴 감사 기도다. 이 기도는 간단하고 단순해서 아름답다.

◆ 제3양식은 제1양식보다는 훨씬 짧지만, 제1양식의 형식을 모방했다. 이 기도의 핵심은 하느님의 구원 행위에 있으며 하느님의 모든 백성이 '어디에 있든' 하나 되기를 간청한다.

◆ 제4양식은 서방 시리안 전례의 영향을 받으며, 구원의 역사를 말하기 위해 성경에서 창조와 계약, 그리고 강생의 이미지를 사용하였다.

또한 특별히 아이를 위한 감사 기도와, 화해를 위한 감사 기도가 사용되고 있다. 그리고 로마 교회와 일치하는 동방 교회를 위한, 풍부한 전통의 전례와 감사 기도가 있다. 어떤 형태를 취하든지 감사 기도의 근본 요소는 예수님께서 우리가 주님을 기억하여 행하기를 원하신다는 사실이다. 이는 기억과 거행, 감사와 믿음에 초점을 두고 신자들을 양육하는 것에 있다.

감사송과 환호

우리가 영원히 해야 할 일이 있다면 무엇일까? 가끔 아무것도 하지 않고 떠돌아다니는 자신을 그려 본다. 얼핏 생각하기에는 편하고 좋아 보일 수 있다. 그러나 영원한 무위는 오히려 천국보다는 지옥에 가깝다고 느껴진다. 만약 성경에서 언급하는 영원한 생명이 어떤 암시라면, 영원성은 소극적인 현실이 아닌 적극적인 현실일 것이다. 그러므로 어떠한 경우에도 하느님께 감사와 찬미를 드려야 한다. 감사 기도는 우리에게 이러한 맛을 보게 함으로써 시작한다. 사제는 감사 기도의 서문에서 대화를 통해 감사를 시작하도록 초대한다.

† 주님께서 여러분과 함께.
◎ 또한 사제의 영과 함께.
† 마음을 드높이.
◎ 주님께 올립니다.
† 우리 주 하느님께 감사합시다.
◎ 마땅하고 옳은 일입니다.

감사송이 이어지면서 사제는 하느님을 찬미하는 우리의 열망을 표현한다. 감사송은 주일마다 바뀐다. 이때 사제와 하느님 백성의 기도는 하늘에서 하느님께 찬미와 감사를 드리는 천사와 성인들의 기도와 모아진다. 교회에는 수많은 감사송이 있다. 각각의 감사송은 특별한 축일, 대축일, 교회의 전례 시기, 주일이나 평일에 맞춰

불려진다. 혼인이나 장례, 또는 특별한 전례를 위해 바치는 감사송도 있다. 여기서는 부활 시기에 쓰이는 감사송 가운데 하나를 소개한다.

† 주님, 언제나 주님을 찬송함이 마땅하오나
특히 그리스도께서 파스카 제물이 되신 이 밤(날, 때)에
더욱 성대하게 찬미함은
참으로 마땅하고 옳은 일이며 저희 도리요 구원의 길이옵니다.
그리스도께서는 세상의 죄를 없애신 참된 어린양이시니
당신의 죽음으로 저희 죽음을 없애시고
당신의 부활로 저희 생명을 되찾아 주셨나이다.
그러므로 부활의 기쁨에 넘쳐 온 세상이 즐거워하며
하늘의 천사들도 주님의 영광을 끝없이 찬미하나이다.

"거룩하시도다! 거룩하시도다! 거룩하시도다!"(라틴어로 상투스 Sanctus) 하는 감사송에 대한 신자들의 환호는 2세기부터 유다교 예배에서 드린 기도에 뿌리를 둔다. 또한 이사야 예언서 6장 천사들의 노래에서도 그 근원을 찾을 수 있다.

◎ 거룩하시도다! 거룩하시도다! 거룩하시도다!
온 누리의 주 하느님!
하늘과 땅에 가득 찬 그 영광!
높은 데서 호산나!
주님의 이름으로 오시는 분, 찬미받으소서.
높은 데서 호산나!

이어서 신자들은 사제가 기도하는 동안 무릎을 꿇거나 서 있는다. 이는 사제가 드리는 감사 기도에 대한 깊은 공경을 표시하기 위해서다.

성령 청원 : 축성 기원

스포츠를 좋아한다면 위기의 순간에 결정적인 역할을 해내는 스포츠 영웅 한 명쯤은 쉽게 떠올릴 수 있을 것이다. 그는 최선을 다해 팀을 구해 낸다. 우리 역시 살면서 인간보다 더 위대한 분이신 하느님을 부른다. 그러면 하느님께서는 언제나 최선을 다해 우리를 구원하신다. 우리가 하느님을 부르면, 그분은 언제나 응답해 주신다. 에피클레시스ἐπίκλεσις(그리스어로 '성령 청원 또는 축성 기원'을 의미)라

불리는 감사 기도에서 하느님께 온전히 속해 있음을 다시 한 번 드러내며 기도한다. 우리는 하느님 없이 아무것도 할 수 없고, 오직 하느님만이 구원하실 수 있기에 그분을 부른다. 사제는 성령의 힘으로, 빵과 포도주가 우리를 위한 그리스도의 몸과 피가 되고, 주님을 모시는 모두가 구원될 것이라는 소망을 표현한다.

† 거룩하신 아버지
   몸소 창조하신 만물이 아버지를 찬미하나이다.
   아버지께서는 성자 우리 주 예수 그리스도를 통하여
   성령의 힘으로 만물을 살리시고 거룩하게 하시며
   아버지의 백성을 끊임없이 모으시어
   해돋이에서 해넘이까지
   깨끗한 제물을 드리게 하시나이다.

† 아버지, 간절히 청하오니
   아버지께 봉헌하는 이 예물을
   성령으로 거룩하게 하시어
   성자 우리 주 예수 그리스도의 몸과 † 피가 되게 하소서.
   저희는 그리스도의 명을 받들어 이 신비를 거행하나이다.

로마 미사 경본 감사 기도 제3양식

이러한 기도는 빵과 포도주가 하느님의 능력으로서 예수님의 몸과 피로 변화됨을 드러낸다. 또한 주님의 구원 행위의 대상이 되는 우리가 행복하다는 사실을 확실히 보여 준다.

지난 15여 년 동안 우리 부부는 8월마다 서로 일정을 맞췄다. 학교가 개학하면 아이들의 중요한 일정도 달력에 적어 놓는다. 이는 우리가 아이들과 특히 중요한 순간을 잊지 않고 함께하기 위한 준비다.

부모의 일 대부분은 아이들과 '함께하는 것'이다. 자녀들이 걷고, 말하고, 자전거를 탈 때 항상 곁에 있다. 유치원, 초등학교, 중학교, 고등학교, 그리고 대학교 졸업식에 갈 때도 함께한다. 또한 아이들의 생일과 중요한 기념일, 그 밖의 휴일에도 함께한다. 아플 때나 어려움에 처할 때, 또한 성공할 때나 이야기를 나누고 싶어 할 때도 곁에 있다. 그 모든 과정을 통해 아이들이 혼자가 아니라는 사실과 더불어 사랑과 지지를 받고 있으며, 또한 부모의 인정을 받고 있음을 확신하기를 바란다. 하지만 많은 것을 갖고 싶어 할 때도 있어서 이로 인한 문제가 생기기도 한다. 그러나 결국에 아이들이 원하는 것은 부모의 한결같은 관심과 인정이다. 다른 말로 하자면, 부모의 '현존'을 바라는 것이다.

성찬 제정과 축성문

앞에서 말한 현존에 관한 이야기와 관련해서 볼 때, 하느님께서는 근본적으로 우리 부모님이시다. 자녀와 함께하려고 노력하는 부모는 하느님에게서 완전한 본보기를 발견할 수 있다. 하느님께서는 구약 성경 안에서 당신이 선택하신 백성에게 하느님 현존을 드러내고자 하셨다. 그리고 이 현존은 불타는 떨기나무에서, 낮에는 구름 기둥과 밤에는 불기둥에서, 계약 궤와 성전에서, 그리고 셀 수 없이 많은 기적과 확약의 말씀으로서 드러났다. 하느님께서는 인간이 하느님 현존의 보증을 바란다는 것을 아시고, 당신의 외아드님을 보내셔서 직접 당신 현존을 볼 수 있게 해 주셨다. 그리고 예수님께서는 성체성사를 세우시어 "세상 끝 날까지"(마태 28,20) 항상 우리와 함께 계시고자 하셨다. 성체성사는 당신 백성에게 하느님 현존을 가장 완벽하게 드러내는 방법이다. 성찬 제정, 즉 최후의 만찬에서 예수님께서 하신 말씀과 행동을 재현하는 것은 주님의 현존하심을 드러낸다.

† 예수님께서는 잡히시던 날 밤에
　빵을 들고 감사를 드리며

축복하시고 쪼개어

제자들에게 주시며 말씀하셨나이다.

너희는 모두 이것을 받아 먹어라.

이는 너희를 위하여 내어 줄 내 몸이다.

저녁을 잡수시고 같은 모양으로

잔을 들고

감사를 드리며 축복하신 다음

제자들에게 주시며 말씀하셨나이다.

너희는 모두 이것을 받아 마셔라.

이는 새롭고 영원한 계약을 맺는 내 피의 잔이니

죄를 사하여 주려고 너희와 많은 이를 위하여 흘릴 피다.

너희는 나를 기억하여 이를 행하여라.

로마 미사 경본 감사 기도 제3양식

단순히 빵과 포도주였던 것이 이제 우리 구원자며 메시아이신 예수 그리스도의 몸과 피가 되었다. 교회는 이를 실체 변화라고 한다. 예수님께서는 당신 제자들에게 이 말과 행동을 영원토록 행하라고 명하셨다. 이로써 우리는 빵과 포도주의 형상으로 현존하시는 예수님과 일치를 이루게 된다. 이 일치는 십자가 위에서의 예수님의 희생 죽음과 긴밀히 연결되기에, 성찬 제정과 축성문에 이어 바로 "신앙의 신비여!"가 나온다. 우리는 신앙의 신비에서 아래와 같은 응답 가운데 하나를 선택해 말할 수 있다. 모든 응답은 예수님께서 돌아가셨고, 인간을 구원하기 위해 다시 살아나셨으며, 인간을 위해 다시 오실 것을 상기시켜 준다.

◎ ㉮ 주님께서 오실 때까지 주님의 죽음을 전하며
　　 부활을 선포하나이다.

　㉯ 주님께서 오실 때까지 이 빵을 먹고 이 잔을 마실 적마다
　　 주님의 죽음을 전하나이다.

　㉰ 십자가와 부활로 저희를 구원하신 주님, 길이 영광 받으소서.

예수님께서는 진실로 우리와 함께 계시다. 이는 우리가 영성체를 하러 앞으로 나아갈 때 공유하는 예수님의 현존이다. 성당을 떠날 때에도 이 현존을 마음에 지니고 간다. 그리고 성당을 떠나 다시

세상으로 돌아간 뒤에도 다른 이들이 나를 통해 예수님의 현존을 알아볼 수 있도록 행동해야 한다.

기념

우리는 약속이나 일정을 잊지 않으려고 다이어리나 달력을 활용한다. 소중한 사람을 기억하기 위해 직장이나 집에 사랑하는 이의 사진을 놓기도 하고, 아이들을 데리러 가는 일이나 세탁소에 가는 일 등을 잊어버리지 않기 위해 메모를 한다.

기억을 일깨우는 일은 중요하다. 우리는 감사 기도를 드릴 때 하느님께서 당신 사랑을 보여 주시는 데 쓰신 위대하고 놀라운 모든 방법을 다시 한 번 되새긴다. 그리스어로 '기념'이라는 뜻의 아남네시스 $ἀνάμνησις$라고 알려진 감사 기도의 이 부분은 구원에 관한 작은 기억의 조각도 변질되거나 새롭게 덧붙여지지 않도록 도와준다.

† 주님, 저희 봉사자들과 주님의 거룩한 백성은
  성자 우리 주 그리스도의 복된 수난과
  죽음을 이기신 부활과 영광스러운 승천을 기념하나이다.

로마 미사 경본 감사 기도 제1양식

우리는 과거를 기억하며 지금 하느님의 현존을 자각하고, 미래에도 하느님의 지속적인 현존을 기대하게 된다.

봉헌

화답하는 것은 인간의 본성이다. 우리는 친절과 너그러움을 보여 준 이에게 감사와 고마움을 표시하며 응답한다. 때로는 "제가 해 드릴 수 있는 일이 있다면 알려 주세요."라며 고마움을 표시하기도 한다. 봉헌과 관련된 감사 기도를 할 때 하느님께서 나를 위해 행하신 모든 것에 고마움을 표시한다. 그리고 '생명의 빵과 구원의 잔'(제2양식)만이 아니라, 나 자신도 봉헌한다. 우리는 하느님께 "우리가 당신의 이름으로 할 수 있는 어떤 것이 있다면……." 하고 말씀드린다.

† 감사하는 마음으로
거룩하고 살아 있는 이 제물을 아버지께 봉헌하나이다.

로마 미사 경본 감사 기도 제3양식

† 그리스도 몸소 저희를 영원한 제물로 완성하시어

로마 미사 경본 감사 기도 제3양식

감사 기도의 이 부분으로 봉헌이 하느님의 초대에 진실로 응답하는 것임을 깨달을 수 있다. 결국 봉헌이란 하느님의 관심을 얻기 위해 나 자신을 바치는 것이 아니다. 이는 하느님께서 내게 보여 주신 관심에 감사하는 마음을 표현하고자 응답하는 것이다.

전구

우리는 말씀 전례 때 보편 지향 기도를 드렸다. 그리고 감사 기도의 전구 부분에서 다시 한 번 교회를 위해, 또 모든 교회 구성원인 살아 있는 이들과 죽은 이들을 위해 기도한다. 왜 우리가 아무리 기도해도 부족한지, 바오로 사도가 왜 테살로니카 신자들에게 "끊임없이 기도하십시오."(1테살 5,17)라고 말했는지는 그 대상을 보면 알 수 있다.

† 지상의 나그네인 교회를 돌보시어

　주님의 일꾼, 교황 (　)와 저희 주교 (　)와

　모든 주교와 성직자와

　주님께서 구원하신 온 백성과 함께

　믿음과 사랑으로 굳건하게 하소서.

　주님 앞에 모이게 하신 이 가족의 기원도

너그러이 받아들이소서.

인자하신 아버지,

사방에 흩어진 모든 자녀를 자비로이 모아들이소서.

세상을 떠난 교우들과

주님의 뜻대로 살다가 떠난 이들을

모두 주님의 나라에 너그러이 받아들이시며

저희도 거기서 주님의 영광을 영원히 함께 누리게 하소서.

로마 미사 경본 감사 기도 제3양식

우리는 전례 앞부분에서 세상의 필요와 공동체의 필요를 위해서 기도했다. 여기서는 교회를 위해 기도함으로써 성체성사를 통해 복음을 전할 힘을 얻게 된다.

마침 영광송

누군가가 내가 자주 쓰는 말로 똑같은 생각을 표현하는 것을 들어 본 적이 있는가? 만약 그런 경우가 있었다면, 아마 불쑥 끼어들어 "내 생각이 바로 그래!", "나도 그래!" 또는 "감사합니다!"와 같은 말을 했을 것이다. 몇몇은 "아멘"이라고 말하기도 할 것이다. 이 "아멘"은 짧으면서도 힘 있는 말이다. 또한 앞에서 나온 생각을 인정하는 도장과도 같다. "아멘"이라고 말하는 것은 앞서 말한 목소리에 나의 목소리를 보태고, 전적인 지지와 수용을 표현하며, 내게도 그 말에 대한 소유권이 있음을 표현하는 것이다. 마침 영광송, 또는 '아멘'은 감사 기도 전체에 대한 우리의 소유권을 강력히 표현하는 것이다. 사제는 축성된 성반과 성작을 들어 올리며 다음과 같이 기도한다.

† 그리스도를 통하여
　그리스도와 함께
　그리스도 안에서
　성령으로 하나 되어
　전능하신 천주 성부
　모든 영예와 영광을 영원히 받으소서.

감사 기도가 절정에 이르렀을 때 사제는 방금 함께 기도했던 모든 내용을 종합한다. 이때는 항상 하던 아멘이 아니라 우렁차게 큰 소리로 아멘이라고 화답한다. 이를 통해 감사 기도 전체에 대한 우리의 동의와 인정을 표시한다. 이 아멘은 '위대한 아멘'으로 다시 울려 퍼지고, 감사 기도가 성체성사를 거행하기 위해 모인 모든 이에게 속했음을 상기시킨다. 이 '위대한 아멘'은 소유권의 표현이자 감사 기도문이 우리 자신의 말임을 확인시켜 준다.

◎ 아멘.

감사 기도의 풍요로움은 이 기도의 역사적 시간보다 훨씬 크다. 우리는 짧은 미사 시간 중에 예수님께서 성목요일에 당신의 제자들을 불러 모으신 것과 성금요일에 돌아가시고, 그리고 부활하신 구원 행위에 증인이 되어 동참한다. 신앙은 나눔으로써 튼튼해지고, 부활하신 예수님의 현존을 세상에 전함으로써 강해진다. 우리는 계속 기억되는 성찬, 과거에 봉헌된 희생 제물을 드라마 보듯이 보는 시청자가 아니다. 성금요일에 어린양의 피로 깨끗이 씻기고 부활로 구원받았듯, 새로운 파스카 성목요일 만찬의 감사 기도에 참여하는 것이다.

— 오늘부터 —

감사 기도의 의미를 되새기며 일상생활에서 실천해 보자.

- ❖ 가정과 직장에서 다른 이들 한 명 한 명의 존재를 의식하자.
- ❖ 내가 헌신해야 할 이들, 즉 배우자와 자녀, 부모, 직장 동료, 친구들과 함께하자.
- ❖ 모든 이와 모든 것 안에 현존하시는 하느님을 느끼자.
- ❖ 사람들에게 너그럽게 대하고 작은 일에도 감사를 표하자.
- ❖ 내가 받은 모든 축복에 감사하는 마음으로 살자.
- ❖ 사람들, 특히 절망 속에 있는 이들에게 예수님의 현존을 전하자.
- ❖ 어려울 때 하느님을 부르자.
- ❖ 매일 하느님께 삶을 봉헌하고 거룩하게 살기 위해 노력하자.

우리는 빵과 포도주의 형상 안에 예수님께서 '실제로' 현존하신다고 말하는데, 이는 그 현존의 특별한 본성을 강조하기 위한 것입니다. 빵과 포도주처럼 보이지만 본 실체로는 그리스도의 몸과 피입니다. 하느님이시며 인간, 몸과 피, 영과 신성이 온전한 예수님의 현존인 것입니다. 그리스도께서 현존하시는 방법은 여러 가지지만, 성체성사의 거행에서는 분명하게 현존하시고 이 현존은 다른 방법들을 능가합니다.

미국 주교회의, '성체성사 안에 예수님의 참된 현존에 대한 질문과 답변'

10

모든 것은 하느님 뜻 안에서

주님의 기도

나는 매일 아침 출근길에 한 여성을 만난다. 진짜 이름은 모르지만 그를 애니라고 부른다. 애니는 노숙인이다. 키는 150센티미터 정도고 나이는 예순 살쯤 되어 보인다. 애니는 늘 시카고 기차역 앞에 서 있다. 궂은 날씨도 아랑곳하지 않고, 심지어 추운 겨울에도 서 있다. 그리고 힘없는 목소리로 지나가는 사람들에게 "도와주세요. 도와주세요. 제발……."이라고 애원한다. 나는 다른 많은 이들처럼 가능한 한 애니를 자주 돕고자 노력하지만, 애니가 정확히 어떤 상황에 처해 있는지는 잘 모르겠다. 그러나 애니는 도움을 받고 청하기에 여기만 한 장소가 없다고 확신한 듯 날마다 기차역 앞에 서 있다.

언젠가는 주님의 기도를 바치다가 문득 애니가 떠올랐다. 주님의 기도는 비교적 짧은 기도라서 의미를 되새기지 않고 습관적으로 바치기 쉽다. 그런데 주님의 기도를 드리다가 애니에게 배울 점이 있다는 사실을 깨달았다. 바로 내가 연약하지만 주님 앞에서 확신을 가지고 서 있을 수 있고, "저를 도와주세요. 제발."이라는 간절한 말로 이 기도를 바칠 수 있다는 것이다.

우리는 미사를 드린 다음 확신을 품고 성당을 떠나고자 한다. 이때 확신이란 나 자신에 대한 확신이 아니다. 이는 나를 통해 일하시는 하느님에 대한 신뢰다. 우리는 순종의 자세로 성당을 떠난다. 자신의 뜻과 원의를 하느님의 다스림 아래 내려놓고 하느님의 뜻에 마음을 열어 놓는 것이다. 즉, 하느님의 능력이 내 모든 것을 다스리시도록 받아들인다는 의미다. 그리고 개인의 관심사는 비우고 주님의 관심사로 자신을 채운다. 성당을 나가면 악을 대면하게 되겠지만, 용기를 가지고 악에서 구원받으리라는 것을 확신할 수 있다. 우리는 주님의 기도로 이를 확인할 수 있다. 주님의 기도는 예수님께서 친히 우리에게 알려 주신 기도로, "아버지의 뜻이(하늘에서와 같이 땅에서도) 이루어지소서."라는 말씀에 따라 살라고 가르쳐 준다.

† 하느님의 자녀 되어, 구세주의 분부대로 삼가 아뢰오니
◎ 하늘에 계신 우리 아버지

아버지의 이름이 거룩히 빛나시며

아버지의 나라가 오시며

아버지의 뜻이 하늘에서와 같이

땅에서도 이루어지소서!

오늘 저희에게 일용할 양식을 주시고

저희에게 잘못한 이를 저희가 용서하오니

저희 죄를 용서하시고

저희를 유혹에 빠지지 않게 하시고

악에서 구하소서.

　"아버지의 뜻이 이루어지소서."라는 문구는 간단하지만 입 밖에 내기는 매우 어렵다. "아버지의 뜻이 이루어지소서."라고 말하는 것은 복종을 의미하기 때문이다. 복종은 쉽게 되지 않는다. 세상은 우리더러 다스릴 권한을 얻기 위해 싸우고 어떠한 대가를 치르더라도 이기라고, 결코 굴복하지 말라고 가르친다. TV에서 방영되는 '생존 프로그램'은 다른 경쟁자들을 물리치기 위해 최선을 다하는 것이 생존의 비결이라고 한다. 그렇다면 "아버지의 뜻이 이루어지소서."라고 말하는 것은 우리를 약하게 만드는 걸까?

　그렇지 않다. 오히려 이 말은 우리를 진정으로 강하게 만든다. 이유는 단순하다. 하느님의 뜻이 우주를 움직이는 힘이기 때문이다. 그리고 하느님의 뜻에 협력함으로써 힘을 얻게 된다. 이와 반대로 하느님의 뜻에 어긋나는 행동은 정말 어리석다.

지금까지 미사 중에 했던 모든 예식은 하느님의 뜻이 내가 가야 할 올바른 방향임을 인식하도록 이루어졌다.

시작 예식은 우리가 마음대로 나 자신의 뜻을 따를 수 있는 독립된 행위자가 아님을 상기시켜 주었다. 참회 예식은 하느님의 뜻을 따르지 않을 때 죄를 짓게 된다는 사실을 깨우쳐 주었고, 말씀 전례는 하느님의 뜻이 구원을 가져다준다는 것을 일깨워 주었다.

보편 지향 기도에서는 내 삶의 특별한 부분도 하느님께 의지하도록 이끌어 주었다. 제단과 예물 준비는 하느님의 뜻을 신뢰하는 것이 그분의 풍성하심을 신뢰하는 것임을 알게 해 주었다. 우리가 방금 드린 감사 기도는 예수님께서 하느님의 뜻을 따랐기 때문에 죽음을 이기시고 지금 우리와 함께 현존하신다는 사실을 떠올려 주었다. 예수님처럼 되고자 노력할 때 그다음에 이어져야 할 이상적인 단계는, 예수님께서 그렇게 기도하시고 가르쳐 주셨던 "아버지의 뜻이 이루어지소서."라는 말로 기도해야 한다는 사실이다.

목자는 힘든 결정을 해야 할 때가 많다. 나도 그러한 처지에 놓인 적이 있었다. 바로 성당에서 일하던 사람을 해고했을 때였다. 그의 부모는 오랫동안 우리 본당의 신자였다. 그들은 내가 아들을 해고한 사실에 크게 상처를 받았고 몹시 화가 나 있었다. 그리고 주일마다 미사 시간에 적개심이 가득한 눈으로 나를 바라보았다. 그들을 보며 몇 주간 죄책감에 시달렸다. 그러다 결국 화가 나기 시작했다. 하지만 해고된 이의 사생활과 비밀을 존중해야 했기에 아들을 왜 해고했는지 말할 수 없었다. 그러니 내가 그저 못된 사람으로 보일 수밖에 없었다. 실은 미사에 참석한 그들의 모습을 보면 정신이 몹시 산란해졌다.

 이처럼 나와 의견이 맞지 않거나 나에게 상처를 받은 사람들을 보살피는 것은 어려운 일이다. 기도를 통해 무엇인가를 결정하여 그에 따른 응답을 행동으로 옮겼을 때, 우리는 일이 잘 해결될 것이라고 생각하게 된다. 그러나 이런 행동이 오히려 누군가의 노여움을 사게 된다면 큰 슬픔을 느낀다. 나는 내 영적 지도자에게 이런 상황을 설명했다. 그의 충고는 간단했다. 그들을 볼 때마다, 그리고 생각할 때마다 화나는 일들을 떠올리기보다는 주님의 기도를 바쳤어야 했다고 말해 주었다. 나는 그의 제안에 미소를 지었지만, 한편으로는 '그렇게 했어도 효과가 있었을까?'라는 생각도 들었다. 그렇지만 그 충고를 마음에 담아 두었다. 그리고 그 말에 따라 꾸준히 노력했다. 그러자 얼마 지나지 않아, 내 마음에 무엇인가 녹아내리는 것이 있었다. 나는 그들에게 가서 "같이 이야기를 좀 해 봅시다."라고 말했다. 그들은 기뻐하며 "신부님이 그렇게 말씀해 주시기를 기다렸습니다."라고 말했다. 결국 우리는 그 문제를 잘 해결하였다.

나는 그 이후에 내게 다른 이와 관련된 문제로 상담하러 오는 이들에게 주님의 기도를 바치라고 말해 준다. 하느님의 뜻이 이루어지기를 청할 때는 나 자신을 내려놓아야 한다. 다른 이를 용서하는 것처럼 나 역시 용서받고 싶다면, 다른 이를 용서하는 일에 전념해야 한다. 예수님의 말씀이 내 것이 되는 영성체 직전에 스스로 용서를 하게 된 것이다.

항복하라는 것은 우리를 겁먹게 만든다. 이는 좋은 것을 가지려는 모든 욕망을 내려놓으라는 뜻이다. 그러나 바오로 사도는 하느님의 뜻에 복종하는 것은 우리를 의롭게 한다고 가르쳤다. 의로워진다면 하느님과 비로소 올바른 관계에 놓일 수 있게 된다.

우리는 오늘날까지 "아버지의 뜻이 이루어지소서."라는 말씀을 온전히 받아들이기 위해 투쟁하고 있다. 이 말씀을 고백하기 어려운 이들에게 성경은 훌륭한 인물들을 예시로 들며 위안을 준다. 성경의 역사를 살펴보면 많은 사람들이 "아버지의 뜻이 이루어지소서."라는 말을 하는 데 어려움을 겪었다.

◆ 아담과 하와는 선과 악을 알게 하는 나무 열매를 먹지 말라는 하느님의

뜻을 알았지만 결국에는 따 먹었다.

◆ 카인은 동생 아벨을 죽이지 말라는 것이 하느님의 뜻임을 알았지만 결국 동생을 죽였다.

◆ 이스라엘 백성들은 금송아지를 만들고 예배하는 것이 하느님의 뜻에 반한다는 사실을 알았지만 하느님의 뜻을 어겼다.

◆ 다윗은 밧 세바를 취하기 위해 우리야를 죽이는 것이 하느님의 뜻에 어긋난다는 것을 알았지만 그 뜻을 거역하였다.

◆ 요나는 니네베에 가서 하느님의 말씀을 선포하는 것이 그분의 뜻임을 알았지만 부르심을 무시하였다.

◆ 베드로 사도는 예수님을 따르는 것이 하느님의 뜻임을 알았지만 세 번이나 예수님을 모른다고 부인하였다.

이처럼 성경에서 하느님의 뜻을 따르지 않았던 예는 많이 있다. 바오로 사도는 인간의 이러한 경향을 "선을 바라면서도 하지 못하고, 악을 바라지 않으면서도 그것을 하고 맙니다."(로마 7,19)라고 적었다. 그러나 성경은 "예."라고 응답하고 하느님의 사랑과 은총을 충만히 누렸던 모범적인 이들도 보여 준다.

- ◆ 아브라함과 사라는 주님의 뜻대로 이루어지기를 바란다고 말함으로써 위대한 역사의 초석을 놓았다.

- ◆ 모세는 주님의 뜻대로 이루어지기를 바란다고 말함으로써 이스라엘 민족을 노예에서 해방시키고 자유로 인도하였다.

- ◆ 룻은 주님의 뜻대로 이루어지기를 바란다고 말했고 헌신적인 가족 사랑의 모범이 되었다.

- ◆ 요나는 정신을 차리고 주님의 뜻대로 이루어지기를 바란다고 말함으로써 고기 배 속에서 구원을 받았을 뿐만 아니라 타락한 도시를 회개로 이끌었다.

- ◆ 마리아는 주님의 뜻대로 이루어지기를 바란다고 말함으로써 하느님의 어머니이자 예수님의 첫 제자가 되었다.

◆ 요셉은 주님의 뜻대로 이루어지기를 바란다고 말하고 마리아를 아내로 맞아들였다.

물론 예수님이야말로 하느님의 뜻에 따라 산다는 것이 무엇인지 가장 잘 보여 주신 분이다. 예수님께서는 사명을 수행하시기 전에 성령의 인도를 받아 광야로 나가셨고, 그곳에서 아버지의 뜻이 아닌 자신의 뜻대로 하고 싶은 유혹과 맞서 싸우셨다.

예수님께서는 돌을 빵으로 만드는 대신에 하느님의 뜻을 따르는 쪽을 선택하셨다. 예수님께서는 마찬가지로 겟세마니 동산에서도 당신 앞에 놓인 고통 앞에서 자신의 뜻대로 하고 싶은 유혹과 대면하게 되었다. 그 유혹은 니코스 카잔차키스의 소설 《최후의 유혹》에도 나와 있다. 이 소설은 만일 예수님께서 "아버지의 뜻이 이루어지소서." 대신에 "내 뜻이 이루어지소서."라고 말했다면 어떻게 되었을까를 상상하여 쓴 것이다. 만일 예수님께서 자신의 뜻을 따랐다면 목수가 되어 아내와 아이들과 함께 오래오래 사셨을 것이다. 이러한 삶이 잘못된 것이라고 할 수는 없으나, 예수님께서는 자신의 소명과 아버지 하느님과의 관계를 온전히 자각하셨다. 그러기에 당신 좋으신 대로 하셨다면 진정한 소명을 배반해야 했을 것이다. 아버지의 뜻은 전혀 다른 길로 부르고 있었기 때문이다. 그 길은 모든 이를 구원으로 이끄는 것이었다. 그래서 예수님께서는 당신의 욕망을 따르는 대신에, 다른 모든 이를 위한 선을 선택하셨다. 예수님께서는 "제가 원하는 대로 하지 마시고 아버지께서 원하시는 대로 하십시오."(마태 26,39)라고 하셨다. 당신 생명을 봉헌하는 선택을 하신 것이다.

하느님의 뜻을 따르는 정도는 나의 선택이 얼마나 극적으로 나타나는가에 따라 측정할 수 있는 것이 아니다. 예수님께서는 당신이 하느님의 뜻에 따라서, 그리고 하느님의 부르심에 충실히 머물기 위해 결국 믿지 않는 이들의 손에 죽게 될 것을 아셨다. 하지만 우리가 따라야 하는 하느님의 뜻은 목수나 건축가, 연구소 기술자나 도서관 사서처럼 평범한 사람이 되는 것이다. 이는 이 세상을 위한 하느님의 목적에서 우리 소명이 중요하지 않다는 말이 아니다.

가족을 부양하기 위해 계약직으로 일하는 젊은 엄마의 소명 역시 하느님의 뜻을 따르는 데 중요하다. 32년간의 결혼 생활을 유지하기 위해 상담을 받는 중년 남자의 소명이나 학교를 다니면서 매주 무료 급식소에서 자원봉사를 하는 대학생의 소명 역시 모두 똑같이 중요하다. 사목자가 주일 강론을 준비하려고 주중에 며칠씩 시간을 바친다고 유명해지는 것은 아니다. 그러나 본당 모임에 밤늦게까지 참여하고 빈소를 찾아가 본당 신자들을 위로하는 와중에도 강론 준비에 충실하다는 것은 하느님의 뜻과 부르심을 따르는 훌륭한 모범을 보이는 것이다.

하느님께서는 각자의 소질과 재능, 능력에 따라 다양한 환경에서 "아버지의 뜻이 이루어지소서."라는 말을 실천할 수 있도록 부르신다. 예수님께서는 "아버지의 뜻이 이루어지소서."라는 이 세 마디 말이 평범한 것도 비범함으로 변화된다는 것을 보여 주심으로써 우리가 하느님의 뜻을 실천할 수 있도록 힘을 주신다.

그리스도교 역사에서 성인들과 신비가들은 주님의 제자가 갖추어야 할 자세가 '순종'이라고 가르쳐 왔다. 그런데도 우리는 커피 위에 휘핑크림을 얹듯이 삶에 예수님을 그저 '더하려고' 애쓴다. 저명한 연설가이자 저술가인 프란치스코회의 리차드 로 신부는 "영성이란 무엇을 보태는 것이 아니라 빼내는 것"이라고 했다. 우리가 사순 시기 동안 실천하려는 것처럼 삶에서 불필요한 부분을 없애고 비울 때, 예수님의 현존하심을 느낄 수 있는 공간을 만들게 된다. 집 안의 방 하나를 사무실로 사용하려고 공간을 마련해 놓는 것처럼 말이다. 이처럼 우리는 삶의 일정한 부분을 예수님께 봉헌하리라고 다짐하게 된다. 그러나 C. S. 루이스는 신앙이란 예수님께 자신의 '전부'를 내어 드리는 것이라고 설명한다.

그리스도인의 길은 매우 특별하다. 즉 매우 어렵고도 쉬운 길이다. 그리스도께서는 말씀하신다. "나에게 모든 것을 다오. 나는 너의 많은 시간도, 많은 돈도, 많은 일도 원치 않는다. 나는 너 자신을 원한다. 나는 너의 본성을 괴롭히려고 온 것이 아니라, 그 본성을 죽이려고 왔다. 어중간한 것은 좋지 않다. 나는 이 나뭇가지나 저 나뭇가지 하나만 자르는 것이 아니라, 나무 전체를 넘어뜨리고자 한다. 나는 치아를 뚫거나 덮어씌우거나 고정시키는 것을 원치 않고, 뽑아 버리기를 원한다. 무고하다고 생각하는 것이든 사악하다고 생각하는 것이든, 너의 본성 모두를 통째로 넘겨라. 그 대신 나는 너에게 새로운 자아를 줄 것이다. 내 자신을 너에게 줄 것이다. 나의 뜻은 너의 것이 될 것이다."(C. S. 루이스, 《순전한 기독교 *Mere Christianity*》)

우리는 하느님의 뜻에 온전히 따를 때에만 진실로 사랑할 수 있다. 그렇다면 우리가 따라야 하는 하느님의 뜻은 무엇일까? 사람들은 "그는 왜 죽어야 했는가?", "나는 왜 직장을 잃어야 했는가?", "나는 왜 암에 걸렸는가?", "나는 왜 결혼에 실패했는가?" 하며 고통의 이유를 찾고자 한다. 아무리 좋은 의도라고 하더라도, 이러한 하소연을 하는 이에게 "그건 하느님의 뜻이야."라고 대꾸한다면 도움을 주는 게 아니라 오히려 해를 끼치는 것이다. 그들은 답을 알고 싶어서 질문하는 것이 아니라 그저 슬픔을 표현했을 뿐이다.

하느님께서는 사람들이 고통받는 것을 결코 원하지 않으신다. 성경에 관한 초기 저술들을 보면, 이스라엘 백성들은 '고통'이 '사람들을 회개로 이끄는 하느님의 뜻'이라고 이해하곤 했다. 그러나 성경 전체의 흐름에서 볼 때 하느님의 뜻이란 당신 자녀들을 위해 생명의 충만함을 주시는 것을 의미한다. 그리하여 예레미야 예언자는 하느님의 뜻을 다음과 같이 표현했다.

나는 너희를 위하여 몸소 마련한 계획을 분명히 알고 있다. 주님의 말씀이다. 그것은 평화를 위한 계획이지 재앙을 위한 계획이 아니므로, 나는 너희에게 미래와 희망을 주고자 한다.(예레 29,11)

나는 시카고에 있는 예수회 고등학교에 다녔다. 내가 입학한 1970년대 후반 이래 교정은 새롭게 단장을 해 왔지만, 약 100년 전 시카고 화재에도 건재했던 원래의 건물은 루스벨트가 1076번지에 그대로 남아 있다. 건물 입구에는 "하느님의 더 큰 영광을 위하여Ad Majorem Dei Gloriam"라는 라틴어 글귀가 새겨 있다.

예수회 창립자인 로욜라의 이냐시오 성인은 '나라와 권능과 영광'은 다른 누구에게가 아니라 오직 하느님께 속해 있다는 인식으로서 삶의 충만함을 이룰 수 있다고 확신했다. 그래서 성인은 '하느님의 더 큰 영광을 위하여'를 모토로 삼았다. 목숨이 붙어 있는 한 해야 할 일은 하느님의 영광을 위해 집중하는 것이라고 믿었다. 이냐시오 성인의 가르침을 되새기는 예수회는 그 모토를 앞 글자 AMDG로 요약하곤 한다. 몇 년 동안 라틴어를 공부했지만 솔직히 잘 모른다. 그러나 4년 동안 매일 그 모토를 바라보면서 그 뜻에 젖어 들게 됐다.

고등학교를 졸업하고 정확히 20년이 흐른 어느 날, 이메일 비밀번호를 정하려고 할 때였다. 신기하게도 가장 먼저 머리에 떠오른 것은 그 모토의 앞 글자 AMDG였다. 이제 이 글을 본 모든 사람이 내 이메일 비밀번호를 아는 셈이 됐다. 어쨌든 중요한 것은 내가 하는 일이 내 영광을 위한 것이 아니라 '하느님의 더 큰 영광을 위하여' 하는 것임을 날마다, 매 순간마다 기억하는 일은 매우 가치가 있다는 사실이다!

† 주님, 저희를 모든 악에서 구하시고
   한평생 평화롭게 하소서.
   주님의 자비로 저희를 언제나 죄에서 구원하시고
   모든 시련에서 보호하시어
   복된 희망을 품고
   구세주 예수 그리스도의 재림을 기다리게 하소서.

◎ 주님께 나라와 권능과 영광이 영원히 있나이다.

실로 가장 커다란 유혹은 영광이 나에게 있다고 믿고, "나의 뜻이 이루어지소서."라는 말이 삶을 충만하게 해 줄 것이라고 믿는 것이다. "나의 뜻이 이루어지소서."라고 말하는 것은 마치 스스로가 임금인양 행동하면서, 다른 이를 내 통치 아래 있는 것처럼 여기는 것이다. 주님의 기도는 하나이시며 참되신 주님의 뜻에 따르며 "주님께 나라와 권능과 영광이 영원히 있나이다."라고 선포하도록 가르친다. 우리가 '나라와 권능과 영광'이 하느님께만 속한다고 말할 때, "그분은 커지셔야 하고 나는 작아져야 한다."(요한 3,30)라고 말하며 세상을 다스릴 영광의 임금을 위한 길을 닦았던 요한 세례자처럼 된다. 또한 하느님의 구원 의지가 모든 것을 다스리신다는 것을 깨달을 때, "보십시오, 저는 주님의 종입니다. 말씀하신 대로 저에게 이루어지기를 바랍니다."(루카 1,38)라고 말함으로써 메시아를 탄생하게 한 성모님처럼 되는 것이다. 성모님은 참된 제자의 길을 보여 주신 모델이다. 왜냐하면 모든 영광과 영예를 자신에게 돌리는 대신 "내 영혼이 주님을 찬송"(루카 1,46)한다고 노래하셨기 때문이다.

우리는 예수님 안에서 권능의 새로운 의미를 알게 된다. 사람들 대부분은 권능이란 사람들을 억압하고 통제하는 데 사용하는 힘이라고 생각한다. 그러나 예수님께서는 하느님의 권능이 인간을 구원하시려는 그분의 뜻에서 결코 분리될 수 없음을 보여 주셨다. 예수님의 기적을 통해 하느님의 권능이 드러났다. 하지만 이는 결코 보여 주기 위한 것이 아니었다. 예수님께서는 눈 먼 이들과 다리 저는 이들을 고쳐 주시고, 바다의 태풍을 잠재우시며, 죽은 이들을 일으키실 때 당신의 권능을 보여 주셨다. 그러나 이는 예수님께 주의를 집중시키기 위한 것이 아니었고, 백성 가운데서 구원하시는 하느님의 현존을 드러내기 위함이었다.

그리스도교의 권능과 영광의 상징이 십자가에 못 박히신 예수님이라는 것은 엄청난 모순이다. 우리는 부서지고 연약한 그분의 모습을 보면서 구원의 권능을 누린다. 주님의 기도를 마음으로 바친다면, 당당히 말로 기도하고 있다는 것을 알게 된다. 이는 세상에 존재하는 권능을 거절하는 말이다. 그리고 우리가 스스로가 약해질 때 찾아오는 그런 권능을 향하고 있다.

하느님의 영광을 위해 사는 것은 겸손을 끌어안는 것이다. 야고보 사도와 요한 사도의 어머니의 이기적인 청이 거절당한 것도 이런 맥락과 닿아 있다. 그 어머니는 예수님께 자신의 아들들이 하느님 나라에서 예수님의 양옆에 앉게 해 달라고 청하였다. 그러자 예수님께서는 그들이 자신과 같은 잔을 마실 수 있는지를 물으셨다.

이는 당신이 하신 것과 같은 희생을 할 수 있느냐는 물음이었다(마태 20,22 참조). 그런데 잠시 뒤 누가 더 위대하냐는 문제로 사도들이 서로 다투는 것을 예수님께서 보시고(마르 9,33-37 참조), 어린이들을 데려오게 하셨다. 그런 뒤 제자들에게 어린이처럼 되지 않고서는 하느님 나라에 들어갈 수 없다고 말씀하셨다(마르 10,15 참조). 이는 무엇을 의미할까? 책임감을 잊어버리고 어린이처럼 놀라는 말씀일까? 결코 아니다. 이는 모든 아이들이 보이는 의존하는 태도를 지니라는 뜻이다.

의존은 나보다 내게 기대는 사람이 더 강할 때 좋다. 우리가 하느님 앞에서 어린이처럼 되는 것이 그렇다. 이는 그분께서 나보다 더 강하시다는 사실과 더불어 내가 하느님의 보호를 필요로 하는 존재임을 깨닫게 한다. 영화 〈반지의 제왕〉에서 프로도 배긴스는 샘와이즈 갬지가 늘 자신의 곁에 있음을 알고 위로와 힘을 얻었다. 마찬가지로 우리는 어떠한 위험도 하느님의 보호보다 더 클 수가 없음을 알기에 두려움 없이 앞으로 나아갈 수 있다. 주님의 기도를 드리고 바로 이어서 사제가 모든 시련에서 우리를 보호해 달라고 청하는 것은 우연이 아니다. 불안이란 '무엇이든지 또는 누구든지' 내가 상대하기엔 역부족임을 느낄 때 생기는 것이다. 그러므로 우리가 하느님의 뜻이 이루어지기를 기도하고, 모든 권능이 그분께 속한다는 사실을 안다면 불안해할 이유가 없다. 불안해하지 않을 때 희망할 수 있고, 나아가 평화로 가득 찰 수 있다. 그 평화는 그리스도의 평화다. 이제 곧 세상 모든 이들과 나눌 준비를 하는 바로 그 평화다.

오늘부터

주님의 기도의 의미를 되새기며 일상생활에서 실천해 보자.

❖ 하느님의 뜻을 따르는 삶을 살도록 노력하자.
❖ 내가 하느님께 속해 있다는 것을 알고, 어린아이와 같은 태도로 살자.
❖ 모든 것을 하느님의 영광을 위해 행하자.
❖ 겸손한 마음으로 살자.
❖ 하느님 아버지에 대한 신뢰를 품고 희망을 전하자.
❖ 세상의 권력에서 벗어나 하느님의 권능을 찾자.
❖ 사람을 다스리는 힘이 아닌, 하느님께 봉사하는 참된 힘을 깨닫자.

당신의 뜻이 하늘에서와 같이 땅에서도 이루어지이다.

오직 당신만을 원하고,

당신만을 열망하며,

그리고 당신만을 생각함에서

모든 기쁨을 발견하는 은총을 저희에게 베풀어 주소서.

항상, 그리고 모든 것에서

저희 자신을 부정하고,

당신의 선하고 이해 가능하고 완전한 뜻에 순종함으로써

빛과 생명을 발견하게 하소서.

저는 당신이 원하시는 것을 원합니다.

저는 당신이 원하기 때문에 원합니다.

저는 당신이 원하는 것처럼 원합니다.

저는 당신이 원하는 한 그것을 원합니다.

당신으로부터, 당신을 위하여, 그리고 당신 안에서

저희의 생각과 욕망이 깨끗하지 않다면

저희의 생각과 욕망을 없애 주소서.

베드로 율리아노 예마르 성인, '주님의 기도'

11

나에게서 시작되는 평화

평화 예식

내 인생에서 가장 즐거웠던 휴가는 가족들과 함께 미시간 주의 맥키노 섬에서 며칠을 보냈던 때다. 날씨가 화창하고 아름다워서, 우리는 섬 주변을 둘러보기 위해 자전거를 타고 나갔다. 30분가량 페달을 밟아 사람들이 별로 없는 섬 반대편까지 가서 아름다운 바다와 푸른 하늘의 풍경을 바라보았다. 잠시 멈춰 서서 휴식을 취하며 자연의 아름다움에 취해 있었다. 살면서 좀처럼 갖기 어려운 그 순간을 즐기며 우리 네 식구는 묵묵히 있었다. 당시 열 살이던 에이미가 침묵을 깨며, 꿈에 젖은 듯한 목소리로 "여기는 천국 같아요……. 너무 평화로워요."라고 말했다. 에이미가 천국이라고 말한 이유는 단지 그곳이 조용하고 아름다워서만이 아니라, 온 식구가 함께 있다는 것과 모든 상황이 참 좋아서 한 말이리라. 평화란 단순히 혼자, 또는 조용하게 있는 것을 의미한다기보다는 다른 이들과 함께함으로써 가능해진다.

미사가 끝나고 평화로이 가서 주님을 사랑하고 섬길 때, 우리는 그리스도의 평화를 지니고 간다. 그리고 세상에서 평화롭게 살고 평화에 전념할 생각으로 나아간다. 이때 우리는 평화가 내 마음을 다스릴 때에만 하느님과의 일치가 가능하다는 것을 알고 파견된다. 평화 예식은 궁극적으로 평화가 예수님과 우리의 일치에서 온다는 것을 깨닫게 해 준다.

1960~1970년대 베트남 전쟁으로 미국 전역이 갈등을 겪고 있을 때, 반전 운동가들은 저항의 상징으로 두 손가락으로 V자를 만들며 평화라는 말을 강조하였다. 두 손가락을 펴 보이는 것만으로도 반전을 지지하는 상징이 되었다. 사실 제2차 세계 대전 동안 영국의 수상 윈스턴 처칠 역시 두 손가락을 펴 보임으로써 승리를 나타냈다는 점에서 좀 아이러니한 일이다. 이처럼 상징은 놀라운 힘을 지닐 수 있다. 사회 운동가 다니엘 베리건 신부가 연행될 때 찍은 사진도 상징의 힘을 보여 준다. 신부는 환하게 웃으며 수갑을 차고 있고, 정작 그를 연행하는 연방 법원 집행관은 시무룩한 얼굴을 하고 있다. 이를 통해 신부는 족쇄를 찬 평화를 상징적으로 보여 주었다. 그러나 상징이 갖는 의미는 점점 퇴색하는 듯하다. 불법 도청 혐의

로 대통령직에서 물러났던 리차드 닉슨 대통령이 그 예다. 그가 전용기에 오르면서 두 손을 머리 위로 올려 평화를 상징했을 때 이 상징은 본래의 의미와 힘을 잃어버렸다.

주님의 기도에 이어, 사제는 신자들이 성체를 영하기 직전에 모두에게 평화의 인사를 나누라고 한다. 이 평화의 인사는 어떤 행동이나 정치적 또는 신학적 선언보다 더 큰 의미를 지닌다. 평화의 인사는 어떤 사회적 인사보다도 중요하다. 우리는 방금 예수님께서 가르쳐 주신, 하느님께 드리는 아름답고 친밀한 기도를 바쳤다. 이때는 마치 어린이가 부모님을 신뢰하는 마음으로 청하는 것처럼, 하느님께 내가 필요로 하는 것을 간청한다.

주님의 기도를 바친 뒤에, 순종과 의탁의 기도를 바치면 우리에게는 자연스러운 변화가 생겨난다. 바로 손을 펴고 팔을 벌려 이웃을 포옹하는 것이다. 미사 중에 예수님께 특별히 지향을 두는 두 가지 기도가 있는데 그중 하나가 아래의 기도다. 사제는 이를 통해 우리가 하나 되도록 초대한다.

† 주 예수 그리스도님,
　일찍이 사도들에게 말씀하시기를
　"너희에게 평화를 두고 가며

내 평화를 주노라." 하셨으니
저희 죄를 헤아리지 마시고
교회의 믿음을 보시어
주님의 뜻대로 교회를 평화롭게 하시고 하나 되게 하소서.
주님께서는 영원히 살아 계시며 다스리시나이다.
◎ 아멘.

그리고 사제는 신자들과 함께 평화의 인사를 나눈 뒤, 신자들이 서로 평화의 인사를 나누도록 초대한다.

† 주님의 평화가 항상 여러분과 함께.
◎ 또한 사제의 영과 함께.
† 평화의 인사를 나누십시오.

이탈리안 가정에서 자란 사람은 누구나 집을 나설 때와 집으로 돌아올 때 입맞춤을 한다. 외지에 나와 있는 이탈리안들은 격식을 좀 덜 따지지만, 본토의 친척들은 조금 더 격식을 차려 양 볼에 한 번씩 입맞춤을 한다. 이런 관습은 오늘날까지 바뀌지 않았다. 사실 성탄이나 부활 시기 같은 축제 때에는 헤어지기 전에 20여 분의 시간을 더 할애하여 돌아가며 입맞춤을 한다. 더 긴 시간이 걸릴 때도 있다. 손님들은 그런 우리를 보면서 놀라워한다. 그러나 이탈리아 사람들에게는 그렇게 인사하는 것이 몸에 배어 있다. 하루를 잘 보냈든 그렇지 않든, 대화에서 다룬 주제가 무엇이었든, 의논한 가족 문제가 무엇이었든, 입맞춤하며 모두 하나가 된다. 나는 어머니가 돌아가시기 전에 마지막으로 입맞춤해 드렸던 일을 생각할 때면 큰 위안을 받는다. 어머니도 모인 가족 모두에게 입맞춤을 했고, 우리를 얼마나 많이 사랑하는지를 말씀해 주셨다.

우리는 평화 예식에서 서로 인사를 나누면서 예수님의 몸과 피를 모시기 위해 곧 앞으로 나아가리라는 것을 알게 된다. 그리고 예수님께 마음을 향하게 된다. 그리스도인들은 초기 교회 때부터 입맞춤으로 서로 평화의 인사를 나누었다. 이 인사는 서로의 모든 차이를 접어 둠을 의미한다. 예수님께 대한 공통된 믿음과 우리 마음 안의 예수님 현존은 공동체를 함께 모이게 하고 묶어 준다. 이 성스러운 입맞춤은 서로의 관계를 치유하고 결속시키며, 더 돈독하게 해 준다. 수 세기 동안 이 평화의 입맞춤은 서품을 받은 이들을 위해 전례적인 동작으로 의식화되었다. 그들은 서로를 향해 돌아서서 팔을 맞잡고 상대방의 왼쪽과 오른쪽 어깨에 고개를 끄덕이며, "팍스 테쿰Pax tecum"이라는 라틴어로 인사를 했다. 이는 "평화가 당신과 함께"라는 뜻이다.

제2차 바티칸 공의회 이후 평화 예식이 전례에 다시 도입되자 이를 불편하게 느낀 이들이 있었다. '어떻게 경건한 침묵에서 벗어나 주위에 앉아 있는 낯선 사람들에게 키스를 하고 포옹을 하거나 악수할 수 있단 말인가?'라고 생각한 것이다. 그래서 이 예식을 반대하는 이들도 있었다. 사실 미사가 개인적인 신심 행위라고 교육받은 이들에게 이러한 반감은 당연한 것이었다. 그러나 미사의 앞뒤 맥락과 함께 평화 예식을 제대로 이해한다면, 이는 미사의 흐름을 중단하는 것이 아님을 알게 된다. 평화 예식은 성체를 모시기 위한 아름답고 중요한 전주곡이다. 그리고 우리가 전례를 마치고 교회를 떠난 다음 일어날 일이 무엇인가에 대해 그 방향을 다시 알려 준다.

평화 예식은 우리가 이루려는 친교가 하느님뿐만 아니라 이웃과도 함께 나누는 친교라는 사실을 깨닫도록 도와준다. 그리스도의 평화를 서로 나눔으로써 성체성사의 강력한 친밀감을 미리 보여 주게 되는 것이다. 찬미가가 요구하는 것처럼 평화가 나로부터 시작하고 바로 지금이 그 순간이 되게 해야 한다. 또한 부활하신 예수님께서 제자들이 문을 닫아걸고 숨어든 2층 다락방에 오시어 평화로 두려움과 불안을 몰아내신 것처럼, 그 평화가 나의 두려움과 불안을 몰아내도록 해야 한다. 예수님께서는 제자들에게 "평화가 너희와 함께!"(요한 20,19)라고 말씀하셨다. 우리도 세례를 받은 덕분에 다른 모든 이들과 함께 평화를 나눌 권한이 있다.

우리는 예수님께서 하신 권고를 기억한다. "그러므로 네가 제단에 예물을 바치려고 하다가, 거기에서 형제가 너에게 원망을 품고 있는 것이 생각나거든, 예물을 거기 제단 앞에 놓아두고 물러가 먼저 그 형제와 화해하여라. 그런 다음에 돌아와서 예물을 바쳐라."(마태 5,23-24)

지금이 바로 그 시간이다. 논쟁과 두려움은 버려두고 그리스도의 평화를 친밀하게 나누자. 그럴 때에 비로소 영성체에 참여할 수 있다. 그리고 우리에게는 미사가 끝난 뒤 성당을 떠날 때, 그리스도의 현존 가장 깊은 곳에서 발견한 평화를 지니고 갈 책임이 있다.

이는 우리가 잊지 말아야 할 과제다. 성당을 떠나기도 전에 주차된 차를 **빼**면서 다른 운전자에게 화를 내는 이들을 더러 본다. 또 미사 후에 본당 친교실에서 아침을 먹으면서 누군가를 험담하는 모습을 보기도 한다. 이는 우리 중 누구에게나 해당하는 일이다. 이는 평화의 도구가 되겠다는 결심을 잃어버린 것이다.

평화는 단순히 전쟁이나 폭력이 없는 상태 그 이상의 것이다. 이는 모두가 함께 공유해야 할 뚜렷한 실재다. 평화는 신앙의 눈으로 세상을 바라보는 하나의 방법이기도 하다. 평화는 다른 이에게서 최상의 것을 끌어내는 방법으로, 모든 것을 통찰하는 태도와 삶에 응답하는 능력을 키워 준다. 마치 안전한 항구를 향해 가는 배처럼, 우리가 사람들을 끌어당기게 하는 독특한 분위기를 만들어 준다. 평화는 먼저 나와 예수님 사이에 사랑의 관계를 만들어 준다. 그리고 이어서 다른 이들과도 그 관계를 이루게 해 줌으로써 좀 더 정의로운 사회를 만들어 가게 한다.

그리스도의 평화는 단순한 상징 이상의 의미를 갖는다. 상징은 깊은 의미를 지녔지만 자주 그 의미를 잃어버리기 쉽다. 그러나 평화는 우리가 끊임없이 지향하는 현실이다. 그래서 평화 예식은 전례가 끝나고 나 자신을 투신해야 할 일임을 보여 주고 시작하는 것이다.

예수님께서는 산상 설교에서 "행복하여라, 평화를 이루는 사람들! 그들은 하느님의 자녀라 불릴 것이다."(마태 5,9)라고 말씀하셨다. 당신을 따르는 이들에게 평화를 나눈다는 의미를 가르치셨다는 사실은 매우 흥미롭다. 마태오 복음서(14,13-21 참조) 후반부에 예수님께서 배고픈 군중들을 먹이시는 이야기가 나올 때까지도 이러한 가르침은 없었다. 군중들 스스로가 자신이 평화를 이루는 사람이 된다는 의미를 깨닫게 된 걸까? 아마도 축복된 빵을 나눌 때, 각자가 필요한 만큼만 가져갔을 것이다. 아무도 여분을 쌓아 놓지 않았기에 바구니에는 빵이 가득 남았다(마태 14,13-21 참조).

결국 평화는 나 자신의 필요보다 다른 이의 필요를 먼저 생각하는 너그러움의 정신이다. 우리는 평화를 실천할 힘을 얻어야 한다. 그리고 이제 그리스도의 평화를 나누면서, 예수님의 몸과 피를 통해 주님을 내 마음에 모시는 장엄한 순간으로 간다.

오늘부터

평화 예식의 의미를 되새기며 일상생활에서 실천해 보자.

- ❖ 제단 앞에 분노와 다른 이들에 대한 부정적인 생각들을 내려놓자.
- ❖ 평화와 고요함을 찾는 시간을 갖도록 노력하자.
- ❖ 가족과 이웃, 직장과 공동체, 그리고 세상에서 평화를 이루는 사람이 되자.
- ❖ 다른 이에 대한 판단을 삼가자.
- ❖ 평화를 위한 시민운동을 지원하고 그 운동에 참여하자.
- ❖ 우리나라의 정치 현안을 외면하지 말자.

---

†

주님,

저를 당신 평화의 도구가 되게 하소서.

미움이 있는 곳에 사랑을,

다툼이 있는 곳에 용서를,

의혹이 있는 곳에 신앙을,

절망이 있는 곳에 희망을,

어둠에 빛을,

슬픔이 있는 곳에 기쁨을 가져오는 자 되게 하소서.

아시시의 프란치스코 성인, '평화를 위한 기도'

12

생명의 빵으로 오시는 주님

영성체 예식

일주일에 한 번 정도 직원 몇 명과 함께 사무실에서 미리 주일 복음 말씀을 묵상하고 나눔을 갖는다. 어느 날 요한 복음서에 나오는 생명의 빵에 대해 묵상하게 되었다. 이어 미사 때 영성체가 우리에게 어떤 의미가 있는지를 서로 이야기했다. 신앙생활에 열심이고 예수님께 더욱 가까워지려고 노력하는 에이미는 영성체와 관련한 어려움을 토로하였다.

"다른 분들, 특히 어르신들이 영성체하는 모습을 보면 어떤 분들은 마치 황홀경에 빠진 것처럼 보여요. 그런데 저는 아무것도 느끼지 못해서 괴로워요. 만일 제게 믿음이 더 있었다면, 무엇인가 느꼈을 텐데 말이에요."

스스로를 자책하는 에이미의 이야기를 듣고 그 솔직함에 감탄하였다. 나도 비슷한 경험을 했지만 에이미처럼 솔직히 표현할 용기는 없었기 때문이다. 이에 나는 신학적인 설명보다는 오히려 이런 감정을 에이미만 느끼는 건 아니라고 말해 주었다. 그러나 덧붙여 이렇게 말했다. "아마도 영성체는 어떤 느낌을 얻는 그런 것은 아닐 거예요. 그저 우리가 예수님을 갈망하는 태도로 성체를 영하러 나오는 것으로도 충분하다고 봅니다."

내 말이 영성체에 대한 에이미의 생각에 어떤 영향을 주었는지 모르겠다. 하지만 그 나눔이 내게 영향을 준 것만은 확실하다. 나는 영성체하러 나갈 때마다 이 대화를 기억한다. 그리고 예수님의 몸과 피를 영하기 직전에 예수님의 사랑 넘친 포옹을 갈망한다고 말씀드린다. 그래도 여전히 변화를 크게 느끼지는 못한다. 하지만 한 가지 깨달음을 얻었다. 바로 예수님께서 나를 안아 주시고, 배고픔을 채워 주시고, 목마름을 해소해 주실 수 있도록 그분을 받아들여야 한다는 사실이다. 예수님을 진정으로 받아들일 때 변화가 시작된다.

우리는 하느님과 일치를 이루고 다른 이들과도 일치를 이루었기에, 평화로이 가서 주님을 사랑하고 섬길 수 있다. 감사 기도를 드리고 그리스도의 평화를 나눔으로써 성찬례에 참여하게 되는데, 이를 '영성체Holy Communion'라고 부른다. 하느님께서는 영성체를 통해 우리를 끌어안으시고 평화로이 갈 힘을 주신다.

주일날 미사에 참례해 영성체할 의무는 제3계명인 "안식일을 기억하여 거룩하게 지켜라."(탈출 20,8)보다 오히려 제1계명(탈출 20,2-

5 참조)과 밀접한 관련이 있다. 제3계명은 주님의 날을 거룩히 지키라고 가르치지만, 미사에 참례하는 것은 주일을 지키는 여러 방법 가운데 하나일 뿐이다. 주일에 우리는 미사를 드리는 것뿐만 아니라 불필요한 일을 삼가고, '주님의 날에 맛보는 고유한 기쁨'을 유지하며, '자선'을 실천하고 '정신과 육체'에 휴식을 취함으로써 거룩히 지내야 한다(《가톨릭 교회 교리서》 2185항 참조). 반면에 제1계명은 다음과 같이 말한다.

나는 너를 이집트 땅, 종살이하던 집에서 이끌어 낸 주 너의 하느님이다. 너에게는 나 말고 다른 신이 있어서는 안 된다. 너는 위로 하늘에 있는 것이든, 아래로 땅 위에 있는 것이든, 땅 아래로 물속에 있는 것이든 그 모습을 본뜬 어떤 신상도 만들어서는 안 된다. 너는 그것들에게 경배하거나, 그것들을 섬기지 못한다. 주 너의 하느님인 나는 질투하는 하느님이다. 나를 미워하는 자들에게는 조상들의 죄악을 삼 대 사 대 자손들에게까지 갚는다.(탈출 20,2-5)

하느님께서는 십계명의 근본이 '하느님만이 우리 충만함의 근원이심'을 깨닫는 데 있다고 말씀하시는 것이다. 이는 그 무엇도, 그 누구도 아니다. 외모, 돈, 재산, 신분, 친구들, 가족, 집, 평판, 권력,

능력 중 어떤 것도 아니다. 하느님만이 충만함의 근원이시다. 이것이 미사에 가서 영성체를 해야 하는 이유다. 미사 참례를 위해 성당에 들어가는 순간부터, 하느님만이 우리를 살게 하신다는 사실을 깨닫도록 초대받았다. 이는 또한 도전받는 것이기도 하다. 우리는 주중에 무수히 많은 정보로 교묘하게 유혹을 받기 때문이다. 그 유혹이란 하느님이 아닌 다른 어떤 것이 우리를 지탱해 주고 살게 해 준다는 생각이다. 비싼 옷과 자동차를 사면, 일정한 체중을 유지하면, 완벽한 몸매를 지니면, 좋은 집과 부유한 동네에 살면, 완벽한 직업을 가지면, 높은 월급을 받으면, 인기를 얻으면, 권력을 얻으면……. 이런 걸 추구할 때 행복을 발견할 것이라고 말해 주는 이들이 있다. 그렇게 된다면 그들의 먹잇감이 될 수도 있다.

성체성사가 주는 메시지는 확실하다. 바로 내가 스스로를 지탱할 능력이 없다는 사실이다. 성체성사의 메시지는 재의 수요일의 메시지와 같다. 인간은 하느님 없이는 먼지일 뿐이고 스스로를 유지할 힘이 없다. 우리는 일 년에 한 번 재의 수요일에 정신을 번쩍 들게 하는 그 메시지를 받아야 한다. 주일마다 성체를 받아 모시며 세상의 것들이 근본적으로 나쁜 것은 아니지만, 이 중에 하나라도 맹신한다면 가야할 길을 벗어나 미끄러지게 된다는 사실을 깨닫는다. 충만함의 근원이며 인간을 사랑하시는 하느님에게서 멀어진다는 사실을 깨닫는 것이다.

성체성사가 왜 첫 계명이냐고 묻는다면, 답은 성경에서 찾을 수 있다. 한 율법 학자가 예수님께 첫 번째('가장 큰' 이란 의미) 계명이 무엇이냐고 여쭈었을 때, 첫 번째 계명을 다음과 같이 요약하여 대답하셨다.

"첫째는 이것이다. '이스라엘아, 들어라. 주 우리 하느님은 한 분이신 주님이시다. 그러므로 너는 마음을 다하고 목숨을 다하고 정신을 다하고 힘을 다하여 주 너의 하느님을 사랑해야 한다.'"(마르 12,29-30)

한 부자 청년이 예수님께 영원한 생명을 얻으려면 무엇을 해야 하느냐고 여쭈었다. 그러자 예수님께서는 그에게 가진 것을 모두 팔아 가난한 이들에게 돈을 나누어 주고, 당신을 따르라고 말씀하셨다(마태 19,16-26 참조). 하지만 이 말씀은 영원한 생명을 얻기 위해 가진 것을 꼭 팔아야 된다는 뜻은 아니다. 성취의 원천이 재물이라고 확신하는 젊은이에게 하느님만이 성취의 원천이심을 깨달으라고 말씀하신 것이다. 성찬례가 우리 생활 전체의 '원천이며 정점'(《가톨릭 교회 교리서》 1324항 참조)이라고 교회가 가르칠 때, 이는 성찬례에 현존하시는 하느님만이 우리 성취의 원천이심을 말하는 것이다. 첫 번째 계명에 따라 살 때, 다른 계명들도 제자리를 찾게 된다. 하느님만이 성취의 근원이심을 진정으로 깨달을 때, 비로소 하느님의 이름을 높이 받들며 안식일을 거룩히 지키게 되고, 이웃을 나 자신처럼 사랑하게 된다(제4~제10계명).

이렇게 영성체는 하느님께서 우리의 원천이시며, 필요한 모든 것임을 궁극적으로 인정하는 것이다.

나는 일을 할 때 항상 과자 같은 주전부리를 먹는다. 친구이자 동료인 애나는 나를 '방목 가축'이라고 놀리곤 한다. 그렇지만 늘 배가 고프니 어쩔 수 없다. 내 책상 서랍은 마치 구멍가게 같다. 크래커 봉지, 막대 모양의 견과류 바, 건포도, 짭짤한 비스킷, 쌀이나 보리로 만든 과자, 그리고 다른 여러 종류의 과자를 간식으로 넣어 놓았기 때문이다. 그러나 이제 나는 지하철을 공짜로 탈 만큼 나이가 들었다. 예전처럼 몸을 많이 움직여서 칼로리를 소비할 수 없다는 것을 알기 때문에, 음식 섭취에 주의를 기울여야 한다. 허기를 느끼더라도 불필요한 칼로리가 몸에 쌓이지 않기 위해서는 음식을 적절히 섭취해야 한다. 이를 알면서도 여전히 과자, 도넛, 젤리 등 거의 모든 군것질을 좋아한다. 그러나 이러한 것들이 당장은 배고픔을 덜어 줄지 몰라도 결국은 건강을 해칠 것들이다.

광야에서 예수님께서 받으신 첫 번째 유혹은 돌을 빵으로 만들어 배고픔을 해결하라는 것이었다. 이 사실은 우연이 아니다. 또한 예수님께서 당신의 현존을 인간에게 드러내기 위해 빵과 포도주를 선택하신 것도 우연이 아니다. 예수님께서는 우리가 아무리 먹고 마시더라도 결국 여전히 배고프고 목마르다는 사실을 아신다. 이처럼 공허감을 채우려 아무리 노력해도, 항상 영적으로 배고프고 목마를 것이다. 가수 브루스 스프링스틴은 이런 마음을 감동적인 가사로 표현했다. "모든 사람은 공허한 마음을 가졌다네!"

그런데 여기서 의문이 생긴다. 이토록 채울 수 없는 허기와 충족시킬 수 없는 갈증을 해결하려면 어떻게 해야 할까? 선택의 여지는 많다. 짧은 생애 동안 우리를 만족시켜 줄 것들이 많다는 뜻이다. 그러나 문제는 이러한 선택들 대부분은 건강에 해롭다. 첫 번째 계명이 가르쳐 주는 사실은 하느님만이 우리가 선택해야 할 '음식'이시라는 것이다.

교직에 있을 당시, 나는 학생들이 앓는 질병과 바이러스에 쉽게 전염되곤 했다. 건강이 특히 좋지 않았던 해에는 결국 탈진까지 했다. 의사는 내가 주말까지 좋아지지 않으면 병원에 입원해야 한다고 겁을 주었다. 걱정도 되고, 한편으로는 쉬고 싶기도 해서 부모님 댁으로 갔다. 아버지는 내 창백한 모습을 보시고는 어머니가 잘 돌봐 주실 거라고 말씀하셨다. 어머니는 내 모습을 보고 놀라시며, 당신이 잘 돌보아 줄 테니 걱정하지 말라고 안심시키셨다. 그때서야 내 상태가 얼마나 나쁜지 알게 되었다. 곧 내 앞에 상다리가 부러질 듯한 밥상이 차려졌다. 내 식욕은 빠르게 회복되었다. 어머니는 "많이 먹어라." 하고 말씀하시면서 녹색 채소에는 철분이 있고, 토마토소스에는 칼륨, 스테이크에는 단백질이 들어 있다고 하셨다. 나는 저녁을 먹고 15시간이나 잤다. 그러고는 다시 일어나서 또 다른 휘황찬란한 밥상을 받았다. 어머니가 내 건강을 회복시켜 주리라 장담하면서 음식을 먹고 또 잤다. 그리고 예상했던 것보다 훨씬 빨리 학교로 복귀할 수 있었다. 주말에 의사를 만났을 때, 내 상태를 보고는 매우 호전됐다며 놀라워했다. 나도 그렇게 느꼈다.

성체성사는 그 무엇이 우리를 괴롭히든 결국 나를 돕기 위해 있음을 깨닫게 해 준다. 이는 단지 우리의 영적 건강만을 위해 있는 것은 아니다. 어떤 영적인 질병으로 쓰러졌더라도, 성체성사는 다시 주님께 돌아올 수 있도록 특별한 도움을 준다.

존 엘드레지는 그의 책 《욕망의 여정 *The Journey of Desire*》에서 우리가 내적 허기나 욕망을 채우기 위해 결국 세 가지 중 하나를 선택하게 된다고 했다. 첫 번째는 그런 욕망을 무시하거나 억누르든지, 혹은 '죽는 것'을 선택하는 것이다. 우리는 가끔 모든 욕망을 참는 것이 그리스도인의 소명이라고 잘못 생각한다. 두 번째 선택은 '중독

되는' 것이다. 우리는 내적 허기를 만족시키고 내적 아픔을 극복하기 위해 쉽고 일시적으로 만족을 주는 것에 중독되기 쉽다. 엘드레지는 세 번째가 그리스도인에게 유일하게 가능한 방법이라고 보았다. 그것은 '살면서 목말라하는 것', 또는 바로 여기서 우리의 목적을 위해 살면서 배고픔을 느끼는 것이다.

엘드레지는 그리스도인 영성을 다룬 로널드 롤하이저의 책《거룩한 갈망 The Holy Longing》의 한 구절을 인용하면서 "그리스도인은 '거룩한 갈망'의 삶으로 부름을 받았다."라고 했다. 결국 우리는 채울 수 없는 허기를 채우기 위해 노력하는 것이다. 억압과 중독은 내적 허기를 심화시키고 건강을 악화시킨다. 하느님만이 우리가 '살면서 목말라하도록' 허용하시면서 마음의 욕망을 채워 주실 수 있다. 영성체는 모든 욕망을 하느님께 향하게 하는 우리 행동이며, 인간에게 생명의 빵과 영원한 구원의 잔을 베푸시는 하느님의 행위다. 그러니 이러한 성찬에 초대되어 기뻐하는 것은 당연하다!

† 보라! 하느님의 어린양, 세상의 죄를 없애시는 분이시니
  이 성찬에 초대받은 이는 복되도다.
◎ 주님, 제 안에 주님을 모시기에 합당치 않사오나
  한 말씀만 하소서. 제 영혼이 곧 나으리이다.

하느님만이 우리를 치유하시고 배고픔과 목마름을 채워 주실 수 있음을 깨닫게 될 때, 삶은 균형을 이루게 된다. 아우구스티노 성인은 "주님, 저희 마음이 당신 안에 쉬기까지, 안식이 없나이다."라고 했다. 우리는 이러한 내적 불안이 결국 하느님을 그리는 갈망이라는 사실을 인식하게 된다. 이와 같은 인식으로서 만족의 근원이신 하느님의 역할을 다른 것으로 대신하려는 유혹을 극복하게 된다.

어린이라면 성체를 영할 때, 시금치를 먹고 힘이 세지는 뽀빠이처럼 되리라고 기대할 수도 있다. 그러나 이러한 시각은 성찬례를 마치 상품인 것처럼 여길 수 있다는 것을 의미한다. 그렇게 되면 모든 소비자가 그러하듯이 성찬례에서 즉각적인 충족을 기대하게 된다. 그러나 우리는 성체성사가 하나의 상품이 아니라는 것을 배워 왔다. 성체성사는 하나의 받아들임이다. 일시적인 것이 아니라, 전 생애에 걸쳐 받아들이는 것이다.

성체를 받아 모심으로써, 나의 내적 아픔을 치유하고 만족시키시는 하느님의 포옹을 받는다. 우리는 영성체를 하면서 실제로 현존하시는 예수님을 모신다고 말한다. 이것은 무엇을 의미할까? 신약 성경에서, 몸(그리스어로 소마 $\sigma\omega\mu\alpha$)이란 바로 '그 사람', 또는 '존재'를 뜻한다. 이는 육체적인 몸 또는 살(그리스어로 사륵스 $\sigma\alpha\rho\xi$) 이상의 의미를 지닌다. 그러나 히브리어로는 몸을 대신할 만한 특별한 말이 없다. 살아 있는 존재란 몸 안에 있는 인격을 말하는 것이 아니다. 몸과 인격은 하나며 같은 것이다. 달리 말하자면, 예수님께서 당신의 몸을 우리에게 내어 주셨을 때, 이는 자신을 내어 주신 것이다. 마찬가지로 유다인들은 피를 살아 있는 존재의 생명, 그 자체라고 믿었다. 피를 마시는 것이 금지된 것도 이 때문인데, 생명은 오로지 하느님의 주권에 속하는 것이기 때문이다. 예수님께서 당신의 피를 우리에게 내어 주셨을 때, 이는 당신 생명을 '마시라'고 부르신 것이다. 이로서 우리 존재와 생명이 예수님의 존재와 생명과 일치를 이루게 되는 것이다. 또한 예수님의 실체적 현존이란 그분의 실존과 생명을 그저 기억하는 것이 아니라, 실제로 모시게 됨을 믿는다는 의미다.

동시에 성체를 받아 모심은 하느님뿐만 아니라 이웃도 포용하는 것이다. 성찬례는 '나와 하느님'의 체험에서 그치지 않는다. 우리가 같은 식탁에서 먹고 같은 잔을 마신다는 사실은 친교의 표현이다. 식탁을 공유한다는 것은 다른 이들과 관계를 만든다는 것을 뜻한다. 일반적으로 친한 사이가 아닌 사람이 사용한 잔으로 무언가를 마시지 않는다. 서로 친교의 잔을 나눈다는 것은 그와 친밀한 관계를 맺게 된다는 뜻이다. 하느님과 우리의 친교는 형제자매를 사랑함으로써 완성된다. 성찬례는 축성된 빵과 포도주뿐만 아니라 날마다 만나는 다른 이들의 몸 안에서도 하느님의 현존을 깨닫도록 한다. 하느님께서는 당신의 외아드님 예수님을 사람의 몸으로 인간에게 보내셨다. 이는 하느님께서 "세상을 너무나 사랑"(요한 3,16)하셨기 때문이다. 우리는 성체를 받아 모시고 세상을 향한 하느님의 사랑에 참여한다. 이 사랑이란 모든 이를 위한 정의를 갈망하는 것이다. 성찬례 거행을 통해 하느님께 드리는 미사가 이웃을 향하지 않는다면 의미가 없다. 이는 예수님께서 첫 번째이자 가장 큰 계명에 대해서 묻는 율법 학자에게 두 번째이자 그다음으로 큰 계명에 대해 다음과 같이 말씀하신 이유다. "둘째는 이것이다. '네 이웃을 너 자신처럼 사랑해야 한다.' 이보다 더 큰 계명은 없다."(마르 12,31)

신학자 폴 레이크랜드는 그의 책 《평신도 해방 The Liberation of the Laity》에서 "우리는 하느님께서 어떻게 행하시는지 앎으로써만 하느님을 안다."라고 했다. 어떤 사적 계시를 통해 하느님을 알게 되는 것이 아니라, 하느님의 아드님이신 예수님을 통해 그분을 알게 된다. 예수님께서는 눈먼 이에게 시력을, 감옥에 갇힌 이에게 해방을, 아픈 이에게 치유를, 절망에 빠진 이에게 기쁨과 희망을, 죄인에게 용서를, 그리고 모든 이에게 생명을 가져다주셨다. 우리는 예수님의 제자로서 다른 이들이 나의 행동을 보고 하느님을 알 수 있도록 주님의 발자취를 따른다. 성찬례는 하느님과 함께 호젓하게 피정하라는 초대가 아니라, 오히려 행동하라는 초대다. 야고보 사도는 서간에서 "말씀을 실행하는 사람이 되십시오. 말씀을 듣기만 하여 자신을 속이는 사람이 되지 마십시오."(야고 1,22)라고 권고했다.

예수 그리스도의 몸과 피를 받아 모시는 행위는 말씀을 행하는 사람이 되는 것이다. 그리고 이것이 내게 주어진 사명임을 드러낸다. 빵의 형상 안에 계신 예수님의 몸을 받아 모신다는 것은 하느님 백성 모두와 일치를 이룬다는 표시다. 왜냐하면 우리는 세례를 통해 그리스도 신비체의 일원이 되었다는 것을 믿기 때문이다. 성작에서 고귀한 피를 받아 모신다는 것은 교회의 사명에 대한 헌신을 표현하는 것이다.

예수님께서는 겟세마니 동산에서 사명을 저버리고 싶은 유혹을 받고 이렇게 말씀하셨다. "이 잔을 저에게서 거두어 주십시오."(루카 22,42) 그러나 당신 아버지의 뜻에 따르기로 결심하셨다. 그러므로 우리가 성작에서 그리스도의 피를 마시는 것은 하느님의 뜻을 행하겠다는 약속을 보여 주는 것이다. 또한 주일에 성체를 받아 모시는 것은 날마다 형제자매들과 일치를 이루겠다는 약속의 표현이다. 우리는 성체를 모신 다음 일상에서 이웃을 사랑하고 하느님을 사랑하는 일을 시작하라고 파견된다. 성체성사는 우리를 소모시키는 세상에서 하느님의 일을 하도록 힘을 넣는 단순한 주유소가 아니다. 오히려 하느님께서 행하신 것처럼 다른 이를 포옹하라는 초대다. 그리고 사람들이 하느님의 자녀로 살도록 이끌어 주고, 잠시 넘어졌을 때 용기를 갖도록 도와준다. 성찬례는 세상에 계시된 하느님의 현존을 깨닫도록 가르치고, 하느님께서 당신의 외아드님을 우리 가운데 강생하도록 보내셨음을 기억하도록 한다.

―― 오늘부터 ――

영성체의 의미를 되새기며 일상생활에서 실천해 보자.

❖ 하느님만이 우리 성취의 원천이심을 알자.

❖ 내가 하느님께 속해 있음을 인정하자.

❖ 내가 무언가를 성취하기 위해 어떤 방법을 쓰는지 살펴보자.

❖ 내 삶에 있는 잠재적인 중독을 살펴보자.

❖ 나의 열망과 원의를 알아차리고, 그것이 이루어지기를 하느님께 간청드리자.

❖ 나의 원의를 건전한 방법으로 성취하자.

❖ 유혹을 알아차리고 극복하자.

❖ 나 자신과, 만나는 모든 이에게서 예수님의 현존을 의식하자.

❖ 교회의 사명을 이루는 데 헌신하자.

❖ 세상에 선을 증거하고, 사람들이 서로 형제자매로 살도록 애쓰자.

내가 오늘 너희에게 명령하는 이 계명은 너희에게 힘든 것도 아니고 멀리 있는 것도 아니다. 그것은 하늘에 있지도 않다. 그러니 "누가 하늘로 올라가서 그것을 가져다가 우리에게 들려주리오? 그러면 우리가 실천할 터인데." 하고 말할 필요가 없다. 또 그것은 바다 건너편에 있지도 않다. 그러니 "누가 바다 저쪽으로 건너가서 그것을 가져다가 우리에게 들려주리오? 그러면 우리가 실천할 터인데." 하고 말할 필요도 없다. 사실 그 말씀은 너희에게 아주 가까이 있다. 너희의 입과 너희의 마음에 있기 때문에, 너희가 그 말씀을 실천할 수 있는 것이다.

신명 30,11-14

13

하느님 사랑을 품고 세상에 파견되다

마침 예식 II

시카고의 한 소신학교에 교사 채용 면접을 보러 갔을 때, 20분간 종교 수업을 해 보라는 제안을 받았다. 나는 자신감 있는 모습을 보여 주고 싶어서 즉시 "좋습니다!"라고 대답했다. 그러나 이내 위장이 뒤틀리기 시작했고, 처음에 자신만만했던 생각은 줄달음치기 시작했다. 나는 공황 상태에 이르기 전에 심호흡을 했다. 그런 다음 이 과제에 대해 충분히 준비가 되어 있다는 사실을 되새겼다.

다행히도 나는 수업 계획의 중요성에 대해 배웠고, 수업 계획을 세우는 방법에 관한 교육 과정도 이미 밟았다. 면접관에게 생각을 정리할 몇 분의 시간을 달라고 부탁하자 허락해 주었다. 나는 수업의 개요를 작성했다. 10분 정도 계획을 세운 다음, 교실로 가서 수업을 시작하였다. 그로부터 25년도 더 지난 지금, 그 수업의 세부 내용을 떠올릴 수는 없다. 그렇지만 내가 교사로 채용되었다는 사실이 그 수업의 내용을 말해 줄 것이라고 생각한다. 계획을 세운다는 것은 항상 좋은 일이다.

미사를 마친 뒤, 주님을 사랑하고 섬기기 위해 평화로이 성당을 떠난다. 이때 우리는 사명과 목표를 지니고 이를 실천할 마음가짐을 지닌다. 또한 복음의 선포자로서 하느님의 인정을 받고 간다. 마침 예식으로서 복음의 임무를 수행하고 세례 서약을 완수할 '명령'을 받는 것이다.

축구팀은 작전 회의를 마치고 난 후 자신들이 뛸 경기를 의식하고 진용을 갖춘다. 특별 메뉴를 주문받은 주방장은 앞치마를 걸치고 부엌에 들어가기 전에 먼저 계획을 세운다. 소방수는 화재 현장에 도착해서 현장을 보고 어떻게 불을 끌지를 정한 뒤에 진화를 시작한다.

그러나 어떤 일이든 계획한 그대로 진행되는 일은 드물다. 삶은 연극처럼 대본을 따라가지 않는다. 하지만 계획대로 진행되지는 않더라도 기본 계획을 세우는 것은 좋은 일이다. 유명한 화학자이자 생물학자이며, 연구가인 루이 파스퇴르 역시 "기회란 준비된 생각을 선호한다."라고 말했다.

우리가 마침 예식을 통해 파견될 때에는 기본 계획을 가지고 파견된다. 마침 예식은 간결해서 오히려 생각할 여지를 많이 남겨 둔다. 미사에서 우리 모두는 보편적인 형식으로 축복을 받고 파견된다. 그러므로 하느님의 말씀을 실천에 옮기는 것은 각자 방법에 따른 선택이다. 교회는 우리를 도와주고 안내해 준다. 그럼으로서 교리 교사나 신앙 전승의 교육을 통해 세상에서 그리스도의 제자로서 사는 데 필요한 지식과 방법을 얻는다.

무엇을 해야 할까

교회는 우리가 특별히 무엇을 행하고, 행하지 말아야 하는지 알 수 있도록 십계명과 자선 활동을 통해 준비시킨다.

십계명

흔히 십계명을 금지법으로 이해하는 경향이 있다. 그러나 십계명은 하느님께서 바라시는 대로 살 수 있는 쪽을 선택할 수 있도록 인도해 준다. 처음 세 계명에서는 하느님을 어떻게 사랑해야 하는지를, 그리고 나머지 일곱 계명에서는 어떻게 다른 이들을 사랑해야 하는지를 가르친다. 십계명이 미사 전례의 어느 부분과 연결되는지 설명하도록 하겠다.

1. 한 분이신 하느님을 흠숭하여라.

신앙 고백에서는 오직 하느님께만 신뢰를 두라고 가르친다. 봉독되는 성경은 하느님만이 우리 구원이심을 알려 준다. 영성체에서는 하느님만이 우리를 살아갈 수 있게 하신다는 것과 하느님을 모든 것 위에 우선적으로 모셔야 함을 가르쳐 준다. 결국 미사 전체는 하느님만을 섬기라고 가르친다.

2. 하느님의 이름을 함부로 부르지 마라.

참회 예식에서는 우리가 하는 말이 순수해야 한다고 알려 주고, 봉독되는 성경은 왜 하느님의 이름이 그토록 위대한지를 보여 준다. 영광송, 복음 환호송, 거룩하시도다, 성찬 감사송, 미사 시간에 부르는 모든 성가는 하느님의 이름과 하느님을 나타내는 모든 것을 공경하고 찬미하며 영광을 드리라고 가르쳐 준다. 미사 시작과 끝에 삼위일체 하느님의 이름을 부르며 긋는 십자 성호 역시 하느님을 흠숭하고 세례를 받은 모든 이들을 존경하라는 뜻이다. 이처럼 미사 전체는 거룩한 것을 존경하라는 가르침을 준다.

3. 주일을 거룩히 지내라.

미사 시작 예식에서는 주님의 이름으로 공동체가 함께 모이는 것이 중요하다고 가르쳐 준다. 감사송은 하느님께서 당신 백성에게 어떻게 구원을 가져다주셨는지를 떠오르게 해 주고, 안식일을 지킴으로써 표현되는 주님과의 계약을 준수하도록 가르친다. 또한 봉독되는 성경은 하느님께서 행하신 위대한 일들을 상기하고, 안식일에 합당한 찬미와 감사와 거룩한 삶을 살도록 이끌어 준다. 그리고 미사 전체는 주간 첫날에 일어난 예수님의 부활을 기념해야 한다고 가르친다.

4. 부모에게 효도하여라.

봉독되는 성경에서는 이웃을 사랑하라는 계명이 가정에서부터 시작된다고 가르친다. 보편 지향 기도는 시민으로서 책임을 다하고, 권위로써 사람들을 다스리는 지도자들을 존경하라고 가르친다. 주님의 기도에서는 하늘에 계신 아버지뿐만 아니라, 하느님께서 당신의 권위를 맡기신 지상의 부모, 가족, 어르신, 그리고 권위를 지닌 모든 이를 사랑하고, 돌보며, 존경하도록 이끌어 준다.

5. 사람을 죽이지 마라.

참회 예식에서는 생각과 말과 행동으로 다른 이에게 사랑을 보여 주라고 알려 준다. 봉독되는 성경에서는 모든 이를 사랑하고 존중하는 방법을 가르친다. 신앙 고백에서는 모든 인간 생명의 창조주는 하느님이심을 알려 준다. 보편 지향 기도에서는 죽은 이들에게 존경을 보이며, 모든 이를 존중하고 생명을 보호하도록 가르친다. 평화 예식은 분노와 미움을 피하고, 다른 이들과 그리스도의 평화를 나누도록 가르쳐 준다.

6. 간음하지 마라.

참회 예식에서는 우리 생각이 순수해야 한다고 가르쳐 준다. 신앙 고백에서는 인간의 육신이 하느님 모습으로 창조되었음을 알려 준다. 그래서 인간 육체의 존엄성은 하느님께서 예수님을 통해 인간의 몸을 취하셨다는 사실로써 들어 올려 지셨음을 알려 준다. 주님의 기도에서는 유혹을 극복하도록 해 준다. 영성체에서는 우리 몸이 살아 계신 하느님의 성전이며, 원의는 오직 하느님에 의해 채워질 수 있고, 이웃과의 친교는 신뢰의 관계로서 유지된다는 것을 가르쳐 준다.

7. 도둑질을 하지 마라.

신앙 고백에서는 하느님께서 모든 이를 위해 모든 것을 창조하셨음을 알려 준다. 보편 지향 기도에서는 가난한 이들과 힘없는 이들의 필요에 관심을 보여야 한다고 말한다. 예물 봉헌에서는 우리가 가진 것에 감사해야 한다는 것과 타인의 권리와 재산을 존중하며 살아야 한다는 가르침을 준다. 또한 공정해야 하며, 필요한 사람에게 나누어 주는 일에도 자애로워야 한다고 알려 준다.

8. 거짓 증언을 하지 마라.

참회 예식에서는 정직하고 겸손한 사람이 되라고 가르쳐 준다. 봉독되는 성경은 하느님께서는 진리시고, 우리가 그 안에 살라고 부르심을 받았다고 알려 준다. 강론에서는 어떻게 진리의 증인이 될지에 대해 가르쳐 준다. 신앙 고백에서는 우리가 진리를 위해 헌신해야 한다고 알려 주고, 주님의 기도에서는 용서를 청하기 전에 남을 먼저 용서해야 한다는 것을 가르쳐 준다.

9. 남의 아내를 탐내지 마라.

참회 예식에서는 우리 생각이 순수하고 겸손해야 한다는 것을 가르친다. 순수와 겸손은 온유함으로 인도한다. 영성체에서는 오직 하느님만이 나의 원의를 채워 주실 수 있다는 것을 가르쳐 준다. 또한 영성체는 다른 이들을 하느님의 눈으로 바라보라는 가르침을 준다.

10. 남의 재물을 탐내지 마라.

질투를 불러일으키는 자만심의 반대 개념은 겸손이다. 참회 예식에서는 이런 겸손을 가르쳐 준다. 예물 준비 예식에서는 물질로부터 거리를 둠으로써 가난의 정신을 실천하고, 다른 이를 너그럽게 대하도록 가르쳐 준다. 주님의 기도에서는 일용할 양식으로 만족하고 유혹을 피하며, 모든 권세와 영광을 하느님께 돌려 드리도록 가르쳐 준다. 영성체에서는 예수님만이 영적 욕구를 채워 주신다는 것을 가르쳐 준다.

육체적이고 영적인 자선 활동

우리는 죽은 뒤 예수님을 대면하고 마지막 심판을 받을 때 무슨 일이 일어날지 걱정한다. 예수님께서는 마지막 심판의 판결 조건이 무엇인지 최후의 심판 비유에서 분명하게 말씀하셨다.

너희는 내가 굶주렸을 때에 먹을 것을 주었고, 내가 목말랐을 때에 마실 것을 주었으며, 내가 나그네였을 때에 따뜻이 맞아들였다. 또 내가 헐벗었을 때에 입을 것을 주었고, 내가 병들었을 때에 돌보아 주었으며, 내가 감옥에 있을 때에 찾아 주었다.(마태 25,35-36)

이 말씀은 우리가 자선 활동을 할 때 알아야 하는 기초를 제공한다. 자선 활동은 이웃의 물질적·육체적 어려움을 돕는 일과 사람들의 정서적·영성적 어려움을 돕는 일로 나뉜다. 모든 자선 활동은 우연히 하는 행동이 아니다. 여기에는 적극적인 노력이 필요하다. 미사가 끝난 뒤 무엇을 해야 하는지 고민된다면 자선 활동을 해 보는 것은 어떨까. 다양한 방법의 자선활동이 있으니 내게 맞는 것을 선택해서 할 수 있다.

배고픈 이들과 음식 나누기

먼저 가정에서 가족들의 식사를 준비하는 것으로 시작하자. 그리고 식당에서 음식을 만들고 준비하는 이들에게 감사하자. 빈첸시오 아 바오로회 등과 같은 자선 단체들을 후원하고 이런 단체들에서 운영하는 무료 급식소에서 자원봉사를 해 보자. 가난한 이들의 필요를 채워 줄 수 있는 공공 정책을 지지하는 것도 좋다. 가정 내에서 음식을 낭비하지 않고, 식습관을 단순하게 하자. 음식을 준비해서 주변에 어려움을 겪는 이들에게 나누어 주자.

집 없는 이에게 쉴 곳 제공하기

가족에게 건강하고 안락한 가정 환경을 제공하자. 내가 사는 집을 깔끔하게 잘 관리하자. 그리고 집세나 대출금을 지불할 수 있음에 감사하자. 인간의 기본 욕구를 충족시켜 주는 복지 정책이 있다면 지지하도록 하자. 노숙자 쉼터를 후원하거나 자원봉사를 하자. 가톨릭 카리타스, 교구에서 주도하는 자선 캠페인을 후원하거나 자원봉사자로 활동할 수도 있다.

헐벗은 이에게 옷 입혀 주기

나와 내 가족이 입을 옷이 있다는 데에 감사하자. 계절이 바뀔 때 서랍장이나 옷장에서 더 이상 입지 않는 옷을 꺼내 봉사 단체에 기증하는 것도 좋다. 새 옷이나 새 신발은 꼭 필요한 경우가 아니면 구입하지 말자. 저소득층 가정을 위해 유아복이나 유아용 신발을 기증하자. 단체나 직장에서 옷 나눔 행사를 하는 것도 좋다.

병자와 감옥에 갇힌 이들을 방문하기

아이를 돌볼 수 없는 처지에 있는 부모들이 있다. 그들을 위해 아이를 대신 돌보아 주는 봉사를 하자. 아픈 이들, 특히 만성 질환자와 병으로 외출할 수 없는 환자를 찾아가 함께 시간을 보내자. 그들에게 힘이 될 수 있는 전화를 하거나 편지나 이메일을 보내자. 모든 사람의 건강 증진에 도움을 주는 정책을 지지하자. 교도소에 수감된 이들이 새로운 삶을 살 수 있도록 그들을 돕는 일에 참여하거나 이런 일을 하는 사람들을 후원하자. 억울하게 투옥된 이들을 대신해서 국제앰네스티가 후원하는 프로그램에 참여하자. 수감자의 부모나 자녀를 돕는 단체를 후원하거나 참여하자. 형벌과 관련된 공정하고 올바른 정책을 지지하자.

가난한 이들을 도와주기

가난한 이들이 도움을 청할 때 그냥 지나치지 말자. 가정이나 직장에서 조금씩 후원금을 모아 가난한 이들을 위해 기부하자. 가능하다면 그들을 돕는 자선 단체에 정기적으로 후원금을 보내자. 과소비하거나 낭비하지 말자. 궁핍한 이들이 더 나은 복지, 교육, 직업 혜택을 누릴 수 있도록 적극 지원하자.

죽은 이를 위해 명복을 빌고, 유가족 위로하기

사랑하는 이를 잃고 고통스러워하는 친구나 친척, 동료를 위로하고 빈소를 찾아가 기도하자. 호스피스를 후원하거나 자원봉사를 하자. 사랑하는 이를 잃고 고통스러워하는 이들을 위해 유가족 돕기 사도직에 참여할 수도 있다. 배우자를 먼저 잃은 이들과 함께 시간을 보내자. 형편이 어려운 사람들에게 무료로 장례를 제공하는 활동을 후원하자.

가르쳐 주기

나의 지혜, 지식, 기술을 다른 이들과 나누자. 이제 막 부모가 되었거나 새로운 일을 시작하는 이들을 친절하게 돕자. 좋은 책을 읽고 다른 이들도 그렇게 할 수 있도록 도와주자. 가톨릭 신앙에 관해 스스로 배우도록 노력하고, 나의 신앙 체험을 자녀들이나 다른 이들과 나누자.

상담하기

누군가 나와 다른 이들에게 해를 끼치고 있다면 이에 적절히 대응하자. 부정적이고 선입견이 있는 의견에 긍정적이면서도 일방적이지 않게 대답하자. 험담할 때는 그 자리를 떠나서 험담을 멈추게 하고, 남에게 좋은 모범을 보이자.

위로하기

모든 것을 희망적으로 바라보도록 노력하자. 냉소주의, 비관주의, 의심을 버리고 희망을 품자. 나의 소망들을 분명히 표현하자. 다른 이의 소망을 묻고, 이를 얻기 위해 노력할 수 있도록 도와주

자. 또한 슬퍼하는 이들을 돌보아 주자.

격려하기

고통받는 이들과 함께하고, 낙심한 이들에게 용기를 북돋아 주자. 동료가 업무에서 어려움을 겪고 있다면 격려의 말을 해 주자. 정신적 고통이나 절망으로 힘들어하는 이들 곁에 있어 주자. 슬퍼하는 이들에게 동정을 베풀자.

용서하기

내게 잘못한 이를 위해 하느님께 기도하고, 용서할 수 있는 용기를 주시도록 하느님께 청하자. 내가 잘못한 이에게 용서를 청하자. 원한을 버리고 나와 불편한 관계에 있는 이에게 친절하게 대할 수 있도록 노력하자.

인내를 갖고 참기

다른 이를 비판하지 않도록 노력하고, 조그만 결점이나 실수는 너그러운 마음으로 넘겨 버리자. 나보다 다른 이에게 긍정적인 방향으로 이해하자. 내게 잘못한 이를 위해 기도하자.

이러한 일들을 어떻게 해야 할까

신앙생활은 행동 그 이상의 것을 의미한다. 우리는 성령의 선물, 성령의 열매, 일곱 가지 덕(향주삼덕, 사추덕)으로 거룩한 성품을 키워 가고 좋은 행동을 하게 된다.

성령의 선물

예수님께서는 우리가 당신의 제자가 될 수 있도록 '협조자'이신 성령을 보내 주셨다. 예수님의 제자로 산다는 것은 도전받을 수 있다는 의미다. 그래서 우리가 소명을 실천하기 위해 파견될 때, 예수님의 영이 함께 머물며 다음과 같은 선물을 보내어 도와주신다.

지혜

지혜는 하느님의 관점에서 삶을 바라볼 수 있게 하고 사람과 사건, 그리고 사물의 참된 가치를 깨닫게 해 준다. 또한 지혜는 겉으로만 판단하려는 어리석음을 범하지 않게 도와준다.

통찰

통찰은 신앙의 진리를 깊이 깨달아 예수님의 제자가 되도록 해 준다. 또한 하느님과 나의 관계, 다른 이와 나의 관계에서 좋은 선택을 하도록 도와준다. 그리고 기도와 성경 읽기를 통해 자라난다.

의견

의견은 우리가 다른 이에게 조언을 하고, 다른 이의 의견을 구하는 데 도움을 주며, 다른 이의 조언에 마음을 열게 도와준다. 우리는 이 선물로 다른 이가 어려울 때 도움을 줄 수 있다.

용기

용기는 우리가 믿음을 지킬 수 있게 해 주고, 어려움에 처했을 때 올바르게 행동할 수 있게 한다. 또한 신앙 때문에 당하는 고통을 인내하게 해 준다. 신앙인으로서 직무를 잘 감당하게 해 줄 뿐만 아니라, 일상에도 충실할 수 있게 도와준다. 그리고 우리가 훌륭한 그리스도인의 삶을 살아가도록 해 준다.

지식

지식은 하느님께서 내게 원하시는 것이 무엇인지, 그리고 이에 어떻게 응답해야 하는지를 알도록 도와준다. 이러한 체험을 통해 하느님과 나 자신, 그리고 사물의 참된 가치를 알게 된다. 이 지식의 선물은 유혹을 알게 해 주고, 이를 극복하도록 하느님께 도움을 청하도록 도와준다.

하느님께 대한 경외

경외는 단순히 두려워하는 것이 아니다. 이는 하느님의 위대하심에 놀라움과 경외심을 갖고 그분께 의존할 수 있게 되는 선물이다. 하느님을 경외함으로써 내게 베풀어 주시는 그분의 놀라운 사랑에 경탄하게 된다.

공경

공경은 하느님을 사랑하고 흠숭하도록 도와주는 선물이다. 공경은 나와 하느님과의 관계, 그리고 이웃과의 관계에서 신실하도록 해 준다. 또한 다른 이들을 존중하고 동정하도록 우리를 도와준다.

성령의 열매

비틀스의 〈Something〉은 멤버인 조지 해리슨이 작사한 곡이다. 해리슨은 명사 '어떤 것something'을 연인에게서 본, 무어라 말할 수 없는 어떤 가치를 묘사하려고 사용하였다. 이와 마찬가지로 예수님을 따르는 사람들의 행동에는 다른 이들에게 호감을 주어 스스로 예수님의 제자가 되고 싶게 만드는 '어떤 것'이 있다. 3세기의 위대한 교부 테르툴리아누스는 비신자들이 예수님을 따르는 사람들에 대해 "보라, 그들이 어떻게 서로 사랑하는지."라고 말한 것을 인용한 바 있다. 예수님도 당신 제자들에게 말씀하셨다. "너희가 서로 사랑하면, 모든 사람이 그것을 보고 너희가 내 제자라는 것을 알게 될 것이다."(요한 13,35) 이는 우리가 복음을 전하기 위해 파견될 때, 성령의 선물을 받고 이에 따라 행동하라는 뜻이다.

사랑

사랑의 또 다른 말은 이타적 봉사에서 드러나는 자선이다. 자선은 우리가 하느님을 사랑한다는 표시이며, 예수님께서 인간을 사랑하신 것처럼 내가 다른 이를 사랑하는 표시다. "사랑의 교회를 이루게 하소서."(감사 기도 제2양식)

기쁨

기쁨은 주님 안에서 누리는 깊고 지속적인 즐거움이지, 상황에 따라 파괴될 수 있는 것이 아니다. 기쁨은 하느님과 이웃과의 좋은 관계, 곧 진실한 사랑의 관계에서 온다. "저희도 거기서 주님의 영광을 영원히 함께 누리게 하소서."(감사 기도 제3양식)

평화

예수님께서는 부활하시어 제자들에게 "평화가 너희와 함께!"(요한 20,21)라고 인사하셨다. 하느님의 뜻에 충실한 제자는 지나치게 불안해하거나 혼란스러워하지 않고 평온하다. 평화는 하느님께서 나와 함께 계시기에 모든 일이 잘 이루어지리라는 것을 아는 데서 온다. "저희를 모든 악에서 구하시고 한평생 평화롭게 하소서."(주님의 기도 후의 간구)

인내

인내는 삶의 고통과 어려움, 판에 박힌 듯한 일상을 기꺼이 참아 내는 사랑이다. 또한 인내는 어려운 상황에서 포기하지 않음을 의미한다. "복된 희망을 품고 구세주 예수 그리스도의 재림을 기다리게 하소서."(주님의 기도 후의 간구)

호의

호의는 친절하게 봉사하는 행동으로 나타난다. 친절한 사람은 동정심과 이해심이 많으며, 항상 다른 이의 장점을 보려고 노력한다. "이제는 저희가 저희를 위하여 살지 않고 저희를 위하여 돌아가시고 부활하신 분을 위하여 살도록 믿는 이들에게 성령을 첫 열

매로 보내셨나이다."(감사 기도 제4양식)

선의

이 성령의 선물은 하느님의 위대한 사랑에서 흘러나온다. 우리가 예외 없이 모든 이를 사랑하는 것이 선의의 표시다. "생명의 샘이시며 지선하신 아버지께서는 만물을 창조하시어"(감사 기도 제4양식 서문)

성실

우리는 약속을 지켜야 한다. 하느님께 충실하고 내가 약속한 이에게 충실할 때 성실하다고 할 수 있다. 성실한 이는 믿을 수 있고, 진실하며, 순종적이다. "우리가 받은 세례를 기념하여 뿌릴 이 물에 하느님께서 강복하여 주시기를 간절히 청합시다. 주님께서는 우리를 새롭게 하시어 우리가 받은 성령께 충실히 머물게 하실 것입니다."(성수 축복과 뿌리는 예식)

온유

온유는 모든 행동, 특히 대화와 겉으로 드러나는 태도에 있어서 온건함을 의미한다. 온유는 우리에게 재능과 성공을 주시는 하느님의 은혜를 믿는다는 표시이기도 하다. "진심으로 뉘우치는 저희

를 굽어보시어 오늘 저희가 바치는 이 제사를 너그러이 받아들이소서."(예물 준비 기도)

절제

다른 이를 존중하고 겸손하게 지내면서 육체적·감정적 욕구를 단련할 수 있다. 또한 자신을 통제함으로써 감정과 욕망에 사로잡히지 않고 책임질 수 있다. "저희를 유혹에 빠지지 않게 하시고 악에서 구하소서."(주님의 기도)

정결

정결은 육체적 성性과 영적 본성의 통합이다. 모든 사람은 독신자든 기혼자든, 정결을 수행하도록 부르심을 받았다. "아버지께서 거룩하신 것처럼 사람을 거룩하게 하시려고……"(〈화해〉 감사 기도 1)

너그러움

너그러움은 내게 중요한 것임에도 다른 이를 위해 기꺼이 내어 주는 것이다. 또한 너그러움은 희생을 무릅쓰고 다른 이의 필요에 관심을 보이는 것이다. "또한 이제는 저희가 저희를 위하여 살지 않고"(감사 기도 제4양식).

관대함

사랑으로 완화된 힘은 우리를 관대하고 화목하며 품위 있도록 이끌어 준다. 관대한 이는 화를 내는 대신 용서를 한다. "구원의 신비를 합당하게 거행하기 위하여 우리 죄를 반성합시다."(참회 예식))

덕德

1980년대에 스티븐 코비가 쓴 베스트셀러 《성공하는 사람들의 일곱 가지 습관 The Seven Habits of Highly Effective People》은 성공적인 인생을 살아가는 데 필요한 일곱 가지 원칙과 습관에 관한 책이다. 코비가 좋은 접근 방법을 쓰고 있지만, 독창적인 개념은 아니다. 수 세기 동안 교회는 이미 일곱 가지 습관이나 원리들을 가르쳐 왔다. 바로 예수님의 제자로서 살아가는 방법에 관한 것들이다. 이러한 습관들을 덕이라고 부른다. 덕은 습관과 같다. 잊어버리고 소홀히 하면 잃어버릴 수도 있기 때문이다. 미사가 끝난 뒤 '주님을 사랑하고 섬기기 위해' 파견될 때, 앞으로 이야기할 덕에 의지하고 이를 따른다면 주어진 사명을 효과적으로 수행할 수 있을 것이다.

먼저 세 가지 덕은 '신덕神德'이라 할 수 있다. 이는 하느님께서 부여하신 덕인 '천부덕天賦德'이자 하느님께 향하는 덕인 '향주삼덕向主三德'이다. 나머지 네 가지 덕은 '사추덕四樞德'이라 부르는데,

이는 인덕人德으로 교육과 선행을 통해 얻어지는 덕이다. 사추덕의 추樞는 돌쩌귀라는 뜻의 라틴어 '카르도cardo'에서 유래했다. 이는 "다른 것들이 그것에 속해 있다."라는 뜻이다.

우리가 피아노를 연주하고, 다른 이와 좋은 관계를 유지하고, 스포츠 경기를 하며, 가치 있는 일을 하는 것처럼, 사추덕을 개발하려면 시간도 걸리고 노력도 필요하다. 흔히 '가톨릭 정신을 실천하는 것'을 주일에 미사 참례하는 것으로만 이해한다. 그러나 의사가 날마다 환자를 치료하는 것처럼, 미사의 마침 예식은 날마다 신앙을 실천해야 한다고 말해 준다. 그러므로 내가 수행해야 할 이러한 책임과 태도에 초점을 맞춤으로써, 주일뿐만 아니라 날마다 신앙을 실천하는 가톨릭 신자가 되기 위해 자신을 헌신할 수 있게 된다. 다음은 일곱 가지 덕에 관한 설명이다. 처음 세 가지 덕은 향주삼덕이고 나머지 네 가지 덕은 사추덕이다.

향주삼덕

신덕信德

하느님의 선물인 신덕은 하느님을 믿고 내 생명을 맡겨 드리는 것이다. 신덕을 통해 하느님을 완전히 신뢰하고, 그분께서 내게 계시하고 가르치신 것을 받아들일 수 있게 된다. "주님께서 여기 모인 모든 이의 믿음과 정성을 아시오니"(감사 기도 제1양식)

망덕 望德

망덕은 신덕과 밀접한 관련이 있다. 망덕은 하느님께서 우리를 위해 계획해 놓으신 모든 선한 것들에 대한 열망이다. 또한 하느님께서 언제나 함께 계시고, 우리가 하늘나라에서 하느님과 함께 영원히 살 것이라는 확신을 준다. "저희도 거기서 주님의 영광을 영원히 함께 누리게 하소서."(감사 기도 제3양식)

애덕 愛德

애덕은 모든 것 위에 하느님을 사랑하고 이웃을 나 자신처럼 사랑하도록 이끌어 준다. 이 사랑은 단순한 느낌을 넘어서서 하느님을 생각하고 그분을 향해 행동하는 길이다. 이러한 애덕은 모든 덕이 완전한 조화를 이루도록 해 준다. 바오로 사도는 "이제 믿음과 희망과 사랑 이 세 가지는 계속됩니다. 그 가운데에서 으뜸은 사랑입니다."(1코린 13,13)라고 가르쳤다. "사방에 흩어진 모든 자녀를 자비로이 모아들이소서."(감사 기도 제3양식)

사추덕

지덕 知德

지덕은 올바른 것을 결정하고, 결정한 것을 행하도록 돕는 덕이다. 또한 지덕은 행동하기 전에 생각하게 한다. "주님, 저희를 모든 악에서 구하시고"(주님의 기도 후 간구)

의덕 義德

의덕은 우리가 다른 이의 권리를 존중하고, 그들의 것을 마땅히 줄 수 있도록 이끈다. 올바른 사람은 다른 이들의 필요에 대해 관심을 가지고 공정하게 대하려고 노력한다. "저희에게 잘못한 이를 저희가 용서하오니 저희 죄를 용서하시고."(주님의 기도)

용덕 勇德

용덕은 올바른 일이라면 설령 그 일이 매우 어렵더라도 행하는 용기다. 용덕은 유혹과 맞닥뜨렸을 때 항거할 수 있도록 힘을 준다. "하느님의 자녀 되어, 구세주의 분부대로 삼가 아뢰오니"(주님의 기도 도입)

절덕 節德

절덕은 우리가 원하는 것과 필요로 하는 것 사이에서 균형을 잡도록 도와준다. 또한 쾌락에 대한 욕구를 다스리고 자기 통제를 잘하도록 도와준다. "오늘 저희에게 일용할 양식을 주시고"(주님의 기도)

시카고의 한 본당에서 주임 신부님을 보좌하면서 종교 교육 담당자로 일했을 때, 가끔 자신의 직장 생활에 대해 말하고 싶어 하는 본당 신자들을 만나곤 했다. 대체로 그들은 영적 성숙을 갈망하면서도 자신들이 하는 일에 대해서는 불만이 가득 했다. 그들은 이렇게 말하곤 했다. "저도 당신 같은 직업을 갖고 싶어요. 하느님을 가깝게 느낄 수 있고, 날마다 하느님의 일을 할 수 있죠. 게다가 교회에서 많은 시간을 보낼 수 있으니 얼마나 좋겠어요?" 어떤 사람은 어떻게 하면 교회에서 일할 수 있는지를 묻기도 했다. 사실 누군가가 교회 일을 하고 싶어 한다는 생각을 하면 흐뭇했다. 그러나 한편으로는 "당신 미쳤어요?" 하며 목이라도 조르고 싶었다. 물론 나는 내 일에 만족한다. 많은 직장인들은 자신을 힘들게 하는 직장 상사나 동료들, 가끔 지루하게 느껴지는 업무, 결코 만족하지 않는 고객들, 장시간 노동에 비해 낮은 임금 등에 불만을 가지곤 한다. 나 역시도 똑같은 불만을 느꼈다. 그들은 이런 사실까지는 제대로 알지 못했던 것이다. 솔직히 내가 단지 교회에서 일하기 때문에 사회에서 직장 생활을 하는 이들보다 더 그리스도의 제자처럼 보인다고 말하는 게 이해가 가지 않는다. 사실 사람들 대부분은 교회에서 직장 생활을 하지도 않고, 하고 싶어 하지도 않는다. 그러나 하느님께서는 우리가 성당 건물 안에서뿐만 아니라, 일상생활에서도 세례 때의 약속을 실천하기를 바라신다. 그러나 불행하게도 이러한 하느님의 바람이 사람들에게 잘 알려지지 않은 것 같다.

불교에서 전해 오는 이야기 중에 이런 것이 있다. 한 제자가 스승에게 깨달음을 얻고 나면, 삶이 어떻게 변하는지 물었다. 스승은 이렇게 대답했다고 한다. "깨닫기 전에 나는 나무를 자르고 물을 길었다. 깨달은 뒤에 나는 역시 나무를 자르고 물을 길었다."

우리가 세례를 받아들일 때, 삶은 변화된다. 또한 항상 주일 미사에서 성체를 받아 모실 때 우리는 변화된다. 그러나 이 변화가 성당에서 얼마나 많은 시간을 보냈느냐에 따라 측정되는 것은 아니다. 또한 우리가 매일 하는 활동과 반드시 관련되어 있는 것도 아니다. 그 변화는 더 새롭고 특별한 이유를 위해, 새롭고 특별한 방법으로 많은 일을 행하는 것이다.

소설 《크리스마스 캐럴》의 주인공 스크루지는 회개한 다음에 자신이 하던 일을 그만두고 사업체를 몽땅 팔아 치웠을까? 아니다. 분명히 계속 회계 사무소를 운영했을 것이다. 하지만 그의 내면은 변화되었을 것이다. 이는 그가 영적인 회심을 했다고 해서 수도자가 되었다거나, 매번 알렐루야나 아멘을 읊어 대는 신심 깊은 사람이 되었다는 의미는 아니다.

미사 후에 그리스도의 제자로서 살라는 세례 소명을 더 깊이 자각하고 성당을 나설 때, 직업을 바꾸거나 직장에서 좀 더 경건해져야 한다고 생각할 필요는 없다. 마틴 루서 킹 목사는 진정한 소명은 일상에서 수행해야 한다며 다음과 같이 말했다.

"만일 어떤 사람이 환경미화원으로 부르심을 받았다면, 그는 미켈란젤로가 그림을 그리는 것처럼, 베토벤이 작곡하는 것처럼, 셰익스피어가 시를 쓰는 것처럼 거리를 청소해야 한다. 하늘과 땅의 모든 이들이 멈추어서 '여기 그의 일을 아주 잘한 위대한 환경미화원이 있다.'라고 말할 정도로 거리를 잘 쓸어야 한다."

작가 그레고리 피어스는 그의 저서 《직장에서의 영성 Spirituality at Work》에서 이렇게 말했다. "우리의 영성은 날마다 생활 한가운데서 바로 실천으로 옮길 수 있는 것이고, 이는 신심 행위라기보다는 의식의 문제다. …… 몇몇 사람들은 예수님의 제자가 되는 것이, 자신이 다른 이들을 회개시키는 데 앞장서거나 자신의 종파나 교파로 개종시키는 것이라고 생각한다. …… 가톨릭의 복음화는 말보다 행동이며, 복음화의 효과를 내기 위해 종교적 용어로 무장할 필요는 없다."

로욜라의 이냐시오 성인은 제자들이 신앙을 전파하도록 이 같은 용기를 불어넣어 주었다. "우리가 우리 주 하느님의 위대한 봉사에 참여하도록 누군가를 설득하려면 …… 그와 함께 문을 들어서지만, 나올 때는 우리 자신뿐이어야 한다."(이냐시오 성인의 편지 〈어떻게 주님 안에서 다른 이들을 대하고 대화할 것인가〉에서)

4년 전에 어머니는 본당에서 그 해의 여성으로 뽑히셨다. 점심 모임에서 시상식을 했는데 어머니 말고도 스물다섯 명의 본당 자매들이 영예를 얻게 됐다. 나는 어머니와 다른 교우들을 위한 축하연에 참석하였다. 상을 받는 자매들의 짧은 약력이 발표될 때, 매우 흥미로운 사실을 발견하게 됐다.

물론 수상자들은 모두 훌륭한 분들이었다. 그런데 스물다섯 명의 수상자 중 단 한 분을 제외하고는 모두가 본당과 직접 관련된 봉사 활동만 했다. 오직 한 분만이 '사회'에서 봉사 활동을 했다. 이 특별한 수상자는 여성 수감자들을 위해 봉사했는데, 그들의 목소리를 녹음해서 자녀에게 들려주는 봉사를 했다. 또한 공항에서 여행객들을 안내하는 활동에도 참여했을 뿐만 아니라, 여러 방면에서 도움이 필요한 사람들에게 다가가 도움을 주었다. 다른 수상자들은 '교회' 활동, 즉 독서자, 성체 분배자, 제의방 담당자, 제단을 꾸미는 일, 성수대에 성수를 교체하는 일, 성작 수건을 세탁하고 다림질 하는 일 등으로 상을 받았다.

이 모든 이타적인 여성들은 칭찬받을 만하다. 그러나 신앙을 실천하는 가장 훌륭한 방법이 성당에서 얼마나 많은 시간을 보냈는가와 관련 있다고 생각할 수만은 없을 것 같다.

"평화로이 가서 주님을 사랑하고 섬기라." 하는 명령을 어떻게 따를 것인가? 예수님께서 "나를 기억하여 이를 행하여라."라고 말씀하실 때, 그분은 우리가 무엇을 하기를 바라시는 것일까? 이에 대해 많은 이들은 스스로가 더 영적인 사람이 되어야 한다고 결론 내린다. 그렇다면 영적인 사람이 된다는 것은 무엇을 의미할까? 영성이란 무엇일까? 사람들에게 자신의 삶에서 영성 추구에 바친 시간의 비율을 도표로 그려 보라고 하면 무엇을 그릴까? 아마도 성당에서 보낸 시간, 기도를 드린 시간, 성경을 읽은 시간, 교회 활동이나 봉사직에 참여한 시간을 조그맣게 표현할 것이다. 도표의 다른 많은 부분은 직장, 가사, 휴식, 수면 등으로 채워질 것이다. 불행하게도 사람들 대부분은 성당에 가고, 기도하며, 성경을 읽고, 성당 활동에 참여하는 시간을 늘리면 삶에서 '영성'이 차지하는 비율을 늘릴 수 있다고 생각한다. 그러나 성당 활동에 투신하는 시간을 늘린다고 영성이 깊어지는 것은 아니다. 영성이란 삶 전체를 하느님과의 관계 안에서 바라보는 하나의 길이다.

로널드 롤하이저는 그의 책 《거룩한 갈망》에서 "영성은 합당한 길과 규율을 발견하는 것인데, 이를 통해 에너지를 얻을 수도, 유지할 수도 있다."라고 썼다. 이는 우리가 성당에서 기도하고, 성경을 읽고, 성당 활동에 참여함으로써만이 에너지를 얻을 수 있다고 이야기하는 것이 아니다. 영성은 삶의 매 순간을 에너지를 지니고 살아가는 것을 말한다. 다른 말로 표현하자면, 영성적인 사람이 된다는 것은 삶 전체를 영적으로 보는 것이다. 엠마오로 가는 길의 두 제자처럼, 삶의 한가운데에서 나와 함께 걷고 계시는 예수님의 현존을 알아볼 수 있도록 눈을 활짝 열어야 한다. 이 이야기는 눈을 뜨게 해 주는 것이 바로 빵을 떼는 것, 즉 성체성사라고 가르쳐 준다.

예수님께서는 마구간에서 태어나셨다. 그런데도 우리는 가끔 그분을 성당이나 수도원에서만 찾으려 한다. 예수님께서 하느님 나라를 선포하실 때, 그분은 하느님 나라를 성전이나 회당에서만 찾을 수 있다고 말씀하지 않으셨다. 그분은 "하느님의 나라가 가까이 왔다."(마르 1,15)라고 말씀하셨다. 이는 하느님 나라가 우리 가운데 있음을 의미한다. 하느님의 나라는 그분의 뜻이나 다스리심이 실제 삶 안에 현존한다는 것을 묘사하는 말이다. 예수님께서는 우리 주변에 구원이 있음을 말씀하셨다. 성체성사는 눈을 열어 구원의 실체가 내 주변의 모든 곳에 있음을 보여 준다. 세례를 받은 예수님의 제자인 우리는 이 사실을 다른 이에게 알리기 위해 투신해야 한다.

이때의 투신이란 실천을 뜻한다. 이는 날마다 행동하는 가톨릭 신자가 되는 것을 의미한다. 예를 들어 자전거 타는 방법을 어떻게 배우는지 생각해 보자. 자전거를 타는 연습을 하지 않았어도 어느 날부터 타기 시작한다. 처음에는 서툴게 자전거를 타기 시작하지만, 꾸준히 연습하다 보면 훨씬 나아진다. 이처럼 제자도는 '실제로 일'을 시작하기 위해 한동안 연습하는 무언가가 아니다. '실천하는' 가톨릭 신자가 된다는 것은 날마다 복음 말씀대로 행하기 위해 애써 시도하는 것을 의미한다. 처음에는 어설프겠지만 그래도 꾸준히 해야 한다. 언제 진정한 제자의 길에 들어섰는가라는 성공의 척도란 없다. 오직 충실함만이 있을 뿐이다.

─────── 오늘부터 ───────

마침 예식의 의미를 되새기며 일상생활에서 실천해 보자.

- ❖ 예수 그리스도의 기쁜 소식을 일상의 모든 곳, 즉 가정, 직장, 친구, 이웃, 나라, 나아가 온 세상에 전하자.
- ❖ 날마다 예수님께서 계시하신 하느님의 계획에 따라 살자.
- ❖ 다른 이들이 예수님께 호감을 가질 수 있도록 모범을 보이며 살자.
- ❖ 세례성사 때 받은 소명대로 살자.
- ❖ 날마다 가톨릭 정신을 실천하자.
- ❖ 삶의 모든 측면을 영성적으로 바라보자.

─────── ✝ ───────

'사랑'은 행동으로 증거할 수 있는 것인데, 그는 자신의 사랑을 어떻게 증거할 수 있을까요? 방법이 있습니다. 어린아이는 '꽃을 던질 것'입니다. 꽃향기로 옥좌를 향기롭게 하고 은방울을 굴리는 듯한 목소리로 '사랑'의 노래를 부를 것입니다. 그렇습니다. 지극히 사랑하는 예수님, 제 목숨은 이렇게 타 버릴 것입니다······. 제가 당신께 사랑을 증거하기 위해 저는 꽃을 던지는 것밖에 다른 방법이 없습니다. 조그만 희생 하나, 눈길 한 가닥, 말 한마디 놓치지 않는 것 등 아주 작은 것들을 사랑을 증거하는 데 이용하는 것입니다······.

아기 예수의 데레사 성녀, 《성녀 소화 데레사 자서전》

14

미사를 일상 안으로

우리는 혼자가 아니다

2001년 9월 11일은 결코 잊을 수 없는 날이 되었다. 대부분은 하루 종일 TV 앞에 앉아 테러에 관한 끔찍한 소식을 지켜보았다. 나는 본당 홈페이지에 저녁 7시에 특별 미사가 봉헌될 것이라는 공지를 올렸다. 와서 기도할 사람들을 위해 성당 문을 열어 놓고, 주변에 미사를 알리는 표지판을 두루 놓아두었다. 성당은 그야말로 꽉 찼다. 조용히 애도하는 분위기 가운데, 모두들 기도에 몰두했다. 미사가 끝난 뒤에 성당에 더 머무르고 싶다면 문을 열어 두겠다고 말했다. 파견 성가가 울려 퍼질 때, 나는 성당 문 앞에 서 있었다. 그다음에 일어난 일은 전례가 무엇을 의미하는지, 교회가 무엇을 의미하는지, 공동체가 무엇을 의미하는지를 이해하는 데 매우 중요한 순간이 되었다. 사람들은 앉거나 무릎을 꿇고 꽤 오랫동안 침묵 속에서 기도했다. 그리고 한참이 지나 천천히 자리를 떠나기 시작했다. 그러나 많은 이들이 아직도 서로 이야기하고, 포옹하며, 손을 잡고 성당 주변에 남아 있었다. 그들은 천천히 자신들의 삶이 변화되었다는 것과 그 변화가 신앙인으로서의 자신에게 무엇을 의미하는지를 알아차리고 있었다. 나는 함께 모여서 미사를 봉헌한다는 것이 얼마나 중요한 것인지 깨달았다. 많은 이들이 미사를 봉헌하도록 해 준 것에 대해 감사를 전했다. 그리고 대부분은 비슷한 감정을 표현했다. "오늘 밤에 미사를 봉헌해야 한다고 생각했어요.", "오늘 성당에서 무언가 길을 찾을 것 같았어요.", "신부님이 우리를 슬픔 속에 두지 않으시리라는 것을 알았어요."

"평화로이 가라."라는 말로 전례를 끝내는 것은 어려운 일이다. 그러나 그 말은 우리가 그 길고도 끔찍한 하루 동안에 들은 말 가운데 가장 중요한 말이었을 것이다.

날마다 예수님의 제자로 살아간다는 것이 두려운 일처럼 느껴지는 순간이 있다. 사실 그렇기도 하다. 2001년 9월 11일과 같은 날, 세상으로 나아가기 위해 성당을 나서는 것은 정말 두려운 일일 것이다. 그러나 신앙은 선이 승리하리라고 말해 준다. 창세기에서 요한 묵시록에 이르기까지, 하느님께서는 세상을 선하게 창조하셨다. 그리고 인간을 당신의 모습대로 창조하셨다. 그리고 우리는 하느님께서 계속해서 모든 것을 새롭게 하신다는 사실을 배웠다. 예수님께서는 인간이 지닌 두려움을 아셨다. 그래서 우리가 사명을 수행할 때 자신의 힘에만 의존하지 않도록 해 주셨다. 예수님께서는 당신 성령을 우리에게 보내 주셨고, 성령께서는 교회를 통해 우리가 해야 할 일이 무엇이고 어떻게 해야 하는지를 가르쳐 주신다.

보호자, 곧 아버지께서 내 이름으로 보내실 성령께서 너희에게 모든 것을 가르치시고 내가 너희에게 말한 모든 것을 기억하게 해 주실 것이다.(요한 14,26)

성령께서는 교회를 통해 우리를 가르치시고, 예수님께서 말씀하신 것을 되새기게 하신다. 이 가르침을 통해 '평화로이 가서 주님을 사랑하고 섬기라'고 말씀하시는 예수님의 제자로서, 임무를 수행하는 데 필요한 도구를 제공받게 된다. 이 모든 가르침은 제자의 임무를 수행할 구체적인 방법과 태도를 가르쳐 준다. 우리는 성체성사를 봉헌하면서 이 임무를 수행할 힘과 자양분, 수행해야 할 방법만을 배우는 것이 아니다. 실제로 그 임무를 시작하게 된다. 전례라는 말은 그리스어 '레이투르기아 $\lambda\epsilon\iota\tau o\upsilon\rho\gamma\iota\alpha$'에서 유래하였다. 이는 미사에 대한 또 다른 표현으로, '백성의 일'을 의미한다. 미사는 다가올 일을 위한 예행연습이나 준비 운동이 아니다. 미사는 우리가 성당을 떠나면서 계속해야 할 일을 시작하는 장소다.

지금까지 미사의 각 부분을 삶과 연관 지어 살펴보았다. 이제 성당을 떠나 가정과 직장 등 매일의 삶 속에서 어떻게 복음을 계속 실천할 수 있는지에 대한 현실적 제안 몇 가지를 살펴봄으로써 글을 마무리하려고 한다. 기억해야 할 중요한 것은 이러한 제안 중 그 어느 것도, 하느님의 은총을 '얻기' 위해 하는 것이 아니라는 사실이다. 우리는 하느님의 은총에 '응답'하기 위해 그 제안들을 하는 것이다. 예수님의 제자로 살겠다는 세례 때의 약속은 대부분의 시간을 보내는 가정이나 직장에서 주로 실행하게 된다. 그래서 가정이나 직장이 예수님의 현존인 성사가 가장 필요한 곳이자, 그리스도의 사제며 예언자이자 왕직에 참여하기 위해 부르심을 받은 곳이 된다.

미사 전례를 생활에서 실천하기

우리는 미사 시작 예식에서 개인주의적 삶을 떠나 공동체로 들어가는 일을 시작한다. 미사 시작 예식의 의미를 생각하며 주중의 6일 동안 다음의 제안들을 지속적으로 실천해 보자.

- ◆ 따뜻한 미소, 목례, 간단한 인사로 다른 이에게 관심을 표현하자.
- ◆ 가정, 직장, 단체를 비롯해 만나는 이들에게 친절을 베풀자.
- ◆ 외로운 이들에게 관심을 갖고, 함께하며 희망을 전해 주자.
- ◆ 다른 이들도 하느님의 모상대로 창조되었기에 존엄성을 지닌다는 것을 기억하자.

참회 예식에서는 겸손한 마음을 키워 가는 일을 시작한다. 이를 통해 일상생활에서 이렇게 실천해 보자.

- ◆ 앞에 나서서 자신을 드러내기보다는 뒤에서 묵묵히 일하자.
- ◆ 공로를 내세우기보다 다른 이를 칭찬하자.
- ◆ 동료의 노력에 찬사를 보내자.
- ◆ 축하받을 때는 신중하게 하느님께 영광을 돌리자.
- ◆ 다른 이에게 친절을 베풀자.
- ◆ 하느님께서 나를 용서하신 것처럼 다른 이를 용서하자.
- ◆ 다른 이들을 판단하지 말자.
- ◆ 나 자신의 불완전함을 알고 수용하자.
- ◆ 내가 하느님의 선물을 받기 위해 아무것도 한 일이 없음에도 불구하고, 하느님께서 내게 얼마나 좋은 일을 베풀어 주셨는지를 기억하자.

말씀 전례에서는 놀라운 일들을 이해하기 시작한다. 그 놀라운 일은 다름 아닌 일상에서 일어난다. 그로서 기쁜 소식을 다른 이들과 함께 나눌 수 있다. 이렇게 실천해 보자.

- ◆ 모든 사람을 우리 구원 역사의 한 부분으로 인식하자.
- ◆ 날마다 하느님의 사랑이 현존하심을 나타내는 증거를 열심히 찾자.
- ◆ 구원하시는 하느님의 능력을 증거하는 사람으로서 말하고 행동하자.
- ◆ 과거에 대해 감사하고, 현재를 받아들이며, 미래에 대해 희망을 갖자.
- ◆ 성경과 영성 서적을 읽으며 하느님의 말씀과 더 가까워지고, 이를 공부하고 묵상하기 위한 개인 시간을 갖자.
- ◆ 나의 일상과 성경 말씀 사이에 비교점과 연결점을 찾자.
- ◆ 하느님 말씀을 삶의 중심에 놓고 새로운 방법으로 사물을 바라보면서, 다가오는 변화에 마음을 열자.

신앙 고백에서는 하느님을 굳게 신뢰하는 일을 시작한다. 신앙 고백의 의미를 되새기며 이렇게 실천해 보자.

- ◆ 자신감과 확신, 용기를 갖고 살자.
- ◆ 특별히 어려운 상황에서도, 신중하지만 분명하게 하느님에 대한 나의

신뢰를 밝히자.

- ◆ 나 스스로 두려움 없이 살고, 다른 이들도 두려움을 떨쳐 버리도록 돕자.
- ◆ 다른 이들이 어려운 상황에서도 하느님을 신뢰할 수 있는 용기와 희망을 주자.
- ◆ 나와 하느님과 교회의 관계에 대해 내가 믿는 것을 확실히 표현할 수 있도록 신앙 교리를 배우고 이해하자.
- ◆ 신앙인답게, 그리고 예수님의 제자라는 위치에 걸맞게 행동하자.
- ◆ 하느님의 모든 창조물을 존중하고, 다른 이들이 하느님의 모든 창조물에서 그분의 현존을 깨닫도록 돕자.
- ◆ 기차, 버스, 길, 주차장, 상점, 슈퍼마켓 등에서 만나는 모든 이들, 동료, 가족, 친구, 고객, 경쟁자 안에서 예수님의 모습을 발견하자.

보편 지향 기도에서는 나와 다른 이들, 그리고 교회와 세상의 필요를 위해 기도하는 일을 시작한다. 보편 지향 기도의 의미를 되새기며 이렇게 실천해 보자.

- ◆ 내가 하느님께 온전히 속해 있음을 자각하며 살자.
- ◆ 가족과 동료, 그리고 친구들의 소망과 행복을 위해 기도하자.
- ◆ 약하고 억압받는 이들을 위해 기도하고 행동하자.

- 다른 이들의 어려움을 도와주기 위한 열정과 힘과 용기를 청하자.
- 나의 모든 어려움, 관심사, 바람을 하느님께 봉헌하자.
- 약하고 억압받는 이들을 돕기 위한 기도에 다른 이들이 함께할 수 있도록 초대하자.
- 세상과 지역 공동체의 필요를 염두에 두고 인정을 베풀며 관심을 갖자.
- 아픈 이들과 그들을 돌보는 이들에게 관심을 보이자.

예물 준비에서는 시간과 능력과 재화를 이웃과 하느님과 나누는 일을 시작한다. 예물 준비의 의미를 되새기며 이렇게 실천해 보자.

- 동료와 고객들을 돕기 위해 내 시간과 창의력을 나누고 조력자가 되자.
- 내가 직장에서 보내는 시간이 하느님의 끊임없는 창조 사업과 창조 유지에 동참하는 일임을 알자.
- 가족과 친구들을 돌보고 일하면서 보내는 시간과 힘이 내 시간을 뺏는 것이 아니라 나 자신을 내어 주는 기회임을 알자.
- 어려운 이들을 위해 자원봉사 활동을 하는 단체에 시간과 재능을 나누어 주자.
- 시간적 여유가 없을 때는 나의 재화를 나누어 자선 단체를 지원하자.
- 자선 활동을 지원함으로써 수입의 적당한 부분을 하느님께 돌려 드리도

록 결심하고, 수입의 나머지를 나와 내 가족의 필요를 위해 간직할 기회를 가졌음에 감사드리자.
- ◆ 물질적 재화와 거리를 두면서 고용주, 동료, 배우자, 친구, 가족과 가난, 순명, 정결의 정신으로 살고, 일하고, 휴식하자.
- ◆ 하느님 창조물의 좋은 청지기로서 살자.

감사 기도에서는 하느님의 위대한 업적을 기억한다. 그리고 인간을 위해 '오시는' 하느님을 부르며, 주님의 현존을 인식한다. 그리고 하느님께 내 삶을 봉헌하며 감사하는 일을 시작한다. 감사 기도의 의미를 되새기며 이렇게 실천해 보자.

- ◆ 이웃과 동료, 가족과 친구들의 존재를 의식하기 위해 노력하고, 특히 고독을 느끼는 이들과 온전히 함께하기 위해 노력하자.
- ◆ 다른 이들의 노고에 구체적으로 감사를 표현하고, 특히 눈에 띄지 않는 이들에게 더욱 감사를 표현하도록 노력하자.
- ◆ 하루를 시작하고 마칠 때 내가 받은 축복에 대해 하느님께 감사를 드리자.
- ◆ 예수님의 현존(주님의 동정심, 이해심, 용서, 기쁨 등)을 이웃에게, 특히 외롭고 낙심하고 있는 이들에게 전하자.
- ◆ 하느님께 나 자신과 하루를 봉헌하면서 매일 아침을 시작하자.

- ◆ 하느님의 영광을 위해 나의 일을 날마다 봉헌하자.
- ◆ 가정과 직장에서 일상을 거룩하게 만들도록 노력하자.

주님의 기도에서는 나의 의지를 내어 놓고, 하느님의 뜻에 마음을 여는 일을 시작한다. 주님의 기도의 의미를 되새기며 이렇게 실천해 보자.

- ◆ 하느님의 뜻에 대한 신뢰를 기초로 가정이나 직장에서 다른 이에게 신뢰를 보이자.
- ◆ 다른 이들을 용서하자.
- ◆ 모든 일을 하느님의 '더 큰' 영광을 위해서 하고, 하느님의 이름에 영광을 드리자.
- ◆ 항상 하느님의 뜻을 헤아리려 노력하고, 그 뜻은 다른 이들과 올바른 관계 속에서 사는 것임을 알자.

평화 예식에서는 형제자매들과 평화로운 관계 속에서 사는 일을 시작한다. 평화 예식의 의미를 되새기며 이렇게 실천해 보자.

- ◆ 긍정적으로 생각하고 이야기하자.

- ◆ 가정과 직장에서 관계를 더 돈독히 하는 데 힘쓰자.
- ◆ 다른 이를 변화시키려 애쓰기보다 있는 그대로를 받아들이자.
- ◆ 내가 하루 종일 만나고 인사하는 이들에게 그리스도의 평화가 가득하도록 조용히 기도하자.
- ◆ 다른 이의 장점을 발견하려 애쓰고, 판단하지 않도록 조심하자.
- ◆ 평화의 기초인 정의를 위해 일하자.

영성체 예식에서는 모든 사람 안에 하느님의 현존을 인식하고, 오직 그분만이 나를 존재하게 하심을 알고 살아가기 시작한다. 영성체의 의미를 되새기며 이렇게 실천해 보자.

- ◆ 어느 곳에서나(버스, 기차, 길, 상점, 식료품점 등) 나 자신 안에서, 그리고 내가 만나는 모든 이들(가족, 동료, 고객, 친구 등) 안에서 예수님의 현존을 깨닫자.
- ◆ 가족, 친구, 동료들이 하느님의 선하심을 다른 이들 안에서 볼 수 있도록 용기를 북돋우자.
- ◆ 상실감 속에서도 하느님의 현존과 은총이 나를 계속 지탱해 주심을 기억하자.
- ◆ 세상에 선이 있다는 것을 확신하자.

- 다른 이들과 서로의 형제자매로 살도록 하자.
- 억압받고 힘없는 이들과 연대하여 모든 사람과의 친교를 인식하자. 그리고 가정과 직장에서 그리고 어려운 이들에게 봉사함으로써 하느님의 은총이 그들에게 전해지도록 하자.
- 매일 아침마다 하느님만이 나를 완성케하는 원천이심을 인식하자.
- 내 삶에서 잠재하거나 혹은 드러난 중독 증상은 무엇인지 알아보자.
- 하루를 마칠 때 오늘 내가 했던 일 중에 올바르지 못한 것은 없었는지 살펴보자.
- 내 희망과 원의를 살펴보고, 이를 이룰 수 있도록 하느님께 청하자.
- 유혹을 알아차리고 극복하도록 노력하자.

마침 예식에서는 세상에 복음을 전하기 위해 세례 때의 약속을 실천하도록 일을 시작한다. 마침 예식의 의미를 되새기며 이렇게 실천해 보자.

- 내 삶의 모든 측면, 즉 가정, 직장, 휴식, 관계를 영적으로 바라보자. 그리고 이런 삶의 모든 순간에 예수님의 기쁜 소식을 전하도록 힘쓰자.
- 내가 하느님의 인정(강복)을 받고 파견된다는 것을 상기하자.
- 날마다 나의 행동과 모든 행동 방식으로 신앙을 실천하자.

◆ 주일 미사에서 선포되고 성경에 계시된 하느님의 계획을 날마다 되새기자.

◆ 신앙 교육에 꾸준히 힘쓰자. 신앙 교육은 예수님의 제자로서 내가 무엇을 어떻게 해야 하는지를 깨닫게 해 준다.

본당 신부가 되어 한 본당에 부임했을 때의 일이다. 그 본당에는 어떤 나이 지긋한 수녀님이 제의방 담당으로 여러 해 동안 봉사해 오고 있었다. 그분은 매사를 자기 방식대로 하는 편이었고, 나보다 마흔 살이나 많았다. 어찌 보면 우리가 주말 전례 진행 방식에 대해 의견이 달랐던 것은 당연한 일이었다. 그렇지만 본당에서 맞이한 첫 주말에 의견 충돌이 발생했을 때는 정말 놀랐다. 수녀님은 본당 전기료를 아끼기 위해 파견 성가가 끝나자마자 성당의 모든 전등을 꺼 버렸다. 그래서 토요일 저녁 미사가 끝난 다음에 깜깜한 통로를 걸어 내려가야 했다. 나는 수녀님에게 이렇게 말했다. "제가 마지막 미사가 끝난 뒤에 제의실로 돌아와서 전등을 끌테니, 미사 후에 끄지 않으셔도 됩니다."

다음 날인 주일날 아침이 됐다. 처음 미사 두 대가 끝날 때까지는 아무런 문제가 없었다. 전등은 켜져 있었다. 그러나 마지막 미사가 끝난 후, 처음으로 신자들을 만나려고 계단에 서 있을 때였다. 수녀님이 전등을 또 꺼 버린 것이다. 게다가 내가 아직 바깥 계단에 서 있는데도 성당 문까지 잠가 버렸다. 나는 신자들과 함께 계단에서 웃고 이야기를 나눈 후에 성당으로 들어가려다가, 문까지 잠가 버린 이런 암묵적인 공격 때문에 몹시 당황스러웠다. 다행히 성당 옆문 열쇠는 갖고 있었기에 옆문을 향해 통로를 돌아가려고 했다. 이때 연로한 교우가 매우 현명한 말을 했다. "미사 후에 저희는 밖에 속한 이들이고, 신부님은 저 안에 속한 분입니다." 성당에 온 지 한 주간이 채 안 된 본당 신부였던 나는 그 교우의 말이 무슨 뜻인지, 또 어떻게 대답해야 할지 몰랐다. 또한 얼굴에 회심의 미소를 띠고 나를 지나쳐 수녀원으로 단호하게 걸어가는 수녀님 때문에 마음이 심란했다. 그러나 이후에 그 말을 곰곰이 생각해 보았다. 그리고 그 교우가 매우 지혜로운 말을 해 주었다는 것을 깨달았다. 그는 가톨릭 신자의 역할은 세상으로 나아가는 것이고, 내 역할은 사람들을 세상으로 파견하기 위해 교회로 그들을 불러 모으는 역할이라는 것을 알았던 것이다. 부임 후 첫 주말의 하루가 끝나기도 전에, 본당 신자들이 내게 많은 것을 가르쳐 준다는 것을 알게 되었다.

미사는 "너희는 나를 기억하여 이를 행하여라."라는 예수님의 말씀을 듣고, 신앙을 실천하도록 "평화로이 가서 주님을 사랑하고 섬기십시오."라는 하느님의 강복을 받은 뒤 파견되는 특전의 장이다. 사제와 평신도는 함께해야 할 일이 많다. 세상을 변화시키는 것은 쉬운 일이 아니다. 다행히 우리는 혼자가 아니다. "하느님 감사합니다."

---

†

그러므로 너희는 가서 모든 민족들을 제자로 삼아, 아버지와 아들과 성령의 이름으로 세례를 주고, 내가 너희에게 명령한 모든 것을 가르쳐 지키게 하여라. 보라, 내가 세상 끝 날까지 언제나 너희와 함께 있겠다.

마태 28,19-20